sounós

DOUGLAS GONÇALVES

sounós

A IMAGEM DE DEUS EM NÓS

THOMAS NELSON
BRASIL

Copyright © 2019 por Douglas Gonçalves.

Todos os direitos desta publicação são reservados por Vida Melhor Editora LTDA. As citações bíblicas são da Nova Versão Internacional (NVI), da Bíblica, Inc., a menos que seja especificada outra versão da Bíblia Sagrada.

Os pontos de vista desta obra são de total responsabilidade do autor, não referindo necessariamente a posição da Thomas Nelson Brasil, da HarperCollins Christian Publishing ou de sua equipe editorial.

Publisher	*Samuel Coto*
Editores	*André Lodos e Bruna Gomes*
Edição de texto	*Cristina Fernandes e Carol Salles*
Copidesque	*Simone Fraga*
Revisão	*Beatriz Lopes*
Diagramação	*Maurelio Barbosa*
Capa e Projeto gráfico	*Rafael Brum*

DADOS INTERNACIONAIS DE CATALOGAÇÃO NA PUBLICAÇÃO (CIP)

G625s Gonçalves, Douglas

1.ed.　　　Sou nós: a imagem de Deus em nós / Douglas Gonçalves. – 1.ed. – Rio de Janeiro: Thomas Nelson Brasil, 2019.

176 p.; 15,5 x 23 cm.

ISBN: 978-85-71670-89-1

1. Cristianismo. 2. Deus. 3. Individualismo. 4. Empatia. 5. Unidade cristã. I. Título.

CDD 230

Bibliotecária responsável: Aline Graziele Benitez CRB-1/3129

Thomas Nelson Brasil é uma marca licenciada à Vida Melhor Editora LTDA.

Todos os direitos reservados à Vida Melhor Editora LTDA.
Rua da Quitanda, 86, sala 601A – Centro
Rio de Janeiro – RJ – CEP 20091-005
Tel: (21) 3175-1030
www.thomasnelson.com.br

PARABÉNS PELA INICIATIVA DE SEMPRE ESTAR PRODUZINDO CONTEÚDOS QUE CHEGAM ATÉ NÓS PARA QUE POSSAMOS APRENDER CADA VEZ MAIS SOBRE A PALAVRA!

ANDREA ALVES

TEMA EXCELENTE PARA PENSARMOS E DISCUTIRMOS NOSSA CONVIVÊNCIA COM NOSSOS IRMÃOS DENTRO E FORA DA IGREJA.

JUCELIA FERNANDES

ACREDITO, DE TODO O CORAÇÃO, QUE COM ESSA MENTALIDADE COMUNITÁRIA REALMENTE GRANDES TRANSFORMAÇÕES PODEM ACONTECER, E O REINO DOS CÉUS SERÁ ESTABELECIDO PELO MUNDO TODO DE MANEIRA MAIS RÁPIDA E EFICAZ ATRAVÉS DE *NÓS*.

INGRID BORDIGNON

ESTAMOS CONECTADOS E, POR MEIO DESTE LIVRO, MUITAS PESSOAS SERÃO CONECTADAS A ESSA REDE DO *NÓS*.

FRANCINE NEGRÃO

TEMÁTICA INCRÍVEL E MUITO PERTINENTE AO CONTEXTO ATUAL DA IGREJA.
RAMON FARIAS

OBRIGADA PELO LIVRO INCRÍVEL, VOCÊS FORTIFICARAM EM MIM O DESEJO DE SER *NÓS*!
ALESSANDRA ROSA

OBRIGADO POR COMPARTILHAR CONOSCO ESSA EXPERIÊNCIA TÃO INOVADORA E OUSADA DE PRODUZIR UM MATERIAL A VÁRIAS MÃOS SIMULTANEAMENTE. MESMO QUE MEUS SIMPLES COMENTÁRIOS NÃO SEJAM LEVADOS EM CONSIDERAÇÃO, JÁ ESTÁ SENDO MUITO VÁLIDO PARA MIM AGREGAR TAMANHO CONHECIMENTO E PODER EXERCITAR A REFLEXÃO E CONSTRUÇÃO DE UM ENTENDIMENTO MAIS PROFUNDO SOBRE A VONTADE DO PAI.
EDER FAVERO

A LINGUAGEM DO LIVRO ESTÁ CLARA E DIRETA, AFETUOSA E INCENTIVADORA. *É NÓIS*!
VANESSA OLIVEIRA

TEMA IMPACTANTE EM UM MUNDO TÃO CHEIO DE PESSOAS VOLTADAS PARA O SEU PRÓPRIO EU.
DEBORA CARVALHO

ESTOU APAIXONADO POR ESTE LIVRO DESDE JÁ!
MARCOS GOMES

UM LIVRO TREMENDO E CONFRONTADOR. CERTAMENTE MUITOS PARADIGMAS SERÃO QUEBRADOS COM O CONTEÚDO DESTA OBRA.
RENATO SIMÕES

SOU MUITO GRATO POR PARTICIPAR DESSE PROJETO. ESTOU SUPER EMPOLGADO EM VER O RESULTADO DE ALGO FEITO POR NÓS!
THIAGO BRANDÃO

UM LIVRO QUE SÓ FOI POSSÍVEL POR SERMOS *NÓIS*!
SORAIA MIMESSI

DEDICATÓRIA

DEDICO ESTA OBRA À MINHA
ESPOSA VAL, A PESSOA QUE DEUS
ME PERMITIU SER UMA SÓ CARNE.
ESSA OBRA SÓ É POSSÍVEL POR
CAUSA DE SUA VIDA!

AGRADECIMENTOS

PAI CELESTIAL, QUERO TE AGRADECER POR TER SIDO ENCONTRADO E SALVO DE MIM MESMO. OBRIGADO POR TER CURADO A MINHA CEGUEIRA DO *EU* E ABERTO OS MEUS OLHOS PARA O *NÓS*. QUERO TE AGRADECER POR PODER OLHAR PARA MINHA ESPOSA VAL E DIZER "NÓS", POR PODER APRENDER COM MEUS FILHOS, LUÍSA E DAVI, A DIZER "NOSSO" E, ALÉM DE TUDO ISSO, POR ME PERMITIR PARTICIPAR DAQUILO QUE VOCÊ ESTÁ FAZENDO NA HISTÓRIA DA HUMANIDADE. NÓS TE AMAMOS!

SUMÁRIO

PREFÁCIO	**14**
APRESENTAÇÃO	**18**
INTRODUÇÃO	**22**
CAPÍTULO 1	**27**
"FAÇAMOS!"	
CAPÍTULO 2	**45**
A IGREJA É NÓS	
CAPÍTULO 3	**65**
TUDO É NOSSO, ATÉ O PECADO...	
CAPÍTULO 4	**81**
O PAI (QUE PERDOA) TAMBÉM É NOSSO	
CAPÍTULO 5	**101**
UNIDADE É UMA COISA, UNIFORMIDADE É OUTRA	
CAPÍTULO 6	**119**
E SE TODOS FOSSEM IGUAIS A VOCÊ?	
CAPÍTULO 7	**141**
ANDANDO COMO UM SÓ HOMEM	
CONCLUSÃO	**168**

PREFÁCIO

O QUE VOCÊ TEM EM MÃOS

não é apenas um livro, mas, como eu gosto de descrevê-lo, você recebeu uma chave. Por que uma chave? Pois esta obra irá abrir uma porta a fim de te permitir acessar um novo entendimento.

O conceito deste livro mudou nossas vidas, nosso casamento, nossa família, nossa empresa e nossa igreja. O conceito de felicidade foi revisto e, consequentemente, todas as nossas escolhas. Desde as mais simples, como "onde iremos jantar hoje", as mais complexas, como "onde iremos investir nossas finanças".

Aprendi com um amigo, Guilherme Lima, que tudo inicia com uma informação, porém ela deve se tornar, dentro de nós, uma revelação. Esta revelação, por sua vez, deve gerar uma transformação, nos fazendo encarnar a mensagem. Agora não é mais o que sabemos, mas sim o que nos tornamos. E, quando isso acontece, podemos então transferir para outros. As páginas deste livro contêm aquilo que Deus fez em nós, espero que possamos transferir isso para você.

Eu cresci em um contexto cristão. Sou a terceira geração de pastores da minha família. Meu avô paterno, Zico

Gonçalves, era pastor da Assembléia de Deus em Bragança Paulista (SP). Meu pai, que também é pastor, lidera um dos ministérios mais relevantes de família e casais do Brasil, Família Debaixo da Graça.

Com isso, recebi um legado: sou completamente apaixonado pela Bíblia. Não tenho recordações da minha infância com meu pai cobrando notas altas na escola, pedindo para ver meu dever de casa. Mas me lembro de constantemente ele me perguntando: "Já leu a Bíblia hoje? Qual versículo você decorou?". Meus pais me ensinaram a amar as Escrituras.

Porém, descobri que eu estava lendo a Bíblia de forma errada. Consequentemente, interpretando-a de modo inadequado e, de forma perigosa, aplicando a Palavra de forma equivocada em minha vida. Tudo isso mudou quando comecei a compreender tudo que você vai aprender neste livro. Nunca mais a Bíblia foi a mesma. Descobri que a Bíblia não foi escrita para mim e que as promessas contidas nela não são sobre mim. Comecei a ver uma nova Bíblia, tudo começou a fazer sentido.

Outra disciplina espiritual que sempre fui estimulado a viver foi a oração. Sempre lutei para encontrar tempo na minha rotina para conversar com Deus. Sempre admirei muito homens e mulheres que tinham vidas intensas de oração. Porém, descobri que estava orando errado. Muitas das minhas orações nunca foram respondidas pois eu não sabia orar. Este livro que você está iniciando vai te ensinar sobre o único tipo de oração que o Pai responde.

| prefácio | 17

O lugar que mais fui na minha vida foi a igreja. Posso contar nos dedos de uma mão os domingos que faltei no culto. Sou do tipo que não sabia o que passava na televisão no domingo à noite. Quando meus pais lideravam uma igreja em Bragança Paulista, sempre éramos os últimos a sair. Lembro-me de dormir nos bancos da igreja aguardando todos os irmãos que queriam conversar com eles. Eu acreditava que sabia o que era a igreja até entrar em contato com o que você vai ler nestas páginas.

Lembro-me, como se fosse hoje, como tudo começou. Eu estava ouvindo uma pregação do Pr. Paulo Borges (autor da apresentação neste livro — quero te encorajar a ouvir todas as pregações dele disponíveis), falando sobre nós. Aquilo explodiu minha mente. Meu entendimento de pecado, confissão, benção, prosperidade, dinheiro, amizade, família, filhos, Reino de Deus etc., foram revistos. Resumindo, Sou Nós mexeu com toda a minha vida e agora vai fazer o mesmo com a sua. Meu pedido é que este conteúdo não pare em você, que você compartilhe tudo que aprender nestas páginas.

Se prepare para uma jornada que não terá mais volta. Que o Espírito Santo guie você em cada frase e te revele toda a verdade. Sem mais demora, vamos começar?

DOUGLAS GONÇALVES
Primavera de 2019
Bragança Paulista (SP)

APRE
SEN

ALEGRIA E GRATIDÃO traduzem o que o meu coração sente por poder endossar este trabalho do nosso irmão Douglas Gonçalves.

Alegria, pela pertinência e relevância do tema escolhido e da propriedade com que ele foi tratado nesta obra. Para mim, é um grande privilégio poder testemunhar autores jovens assumirem o protagonismo de abordar questões que traduzem o significado e o propósito da vida cristã.

Vivemos dias de muita teologia e pouco evangelho. Dias em que a Palavra de Deus tem sido usada para produzir definições humanas do Divino, sendo que a natureza do evangelho é revelar as definições divinas do homem. A Palavra que nos revela como revelar o Reino de Deus na terra, e não apenas como levar os crentes para o céu.

O conteúdo aqui compartilhado nos inspira a viver um evangelho do céu para a terra, como Jesus nos ensinou a buscar, e sou grato pelo privilégio e a honra de poder cooperar estimulando outros irmãos e irmãs à essa leitura. Façam isso sem pressa e de forma atenta. Mais do que o texto, compartilhem do Espírito com que ele foi gerado. Não se trata de uma abordagem técnica ou acadêmica, mas de uma vivência e um compromisso com a comunidade. Receber desse Espírito pode resignificar seus relacionamentos e sua vida. Trata-se de um desafio de não conformidade, de transformação do entendimento.

"Nós" não é plural de primeira pessoa, é primeira pessoa em plural. Nem toda reunião de "eus" significa uma consciência de "nós". Entretanto, uma consciência de "nós" significa um encontro de "eus".

Precisamos de mais encontros e menos reuniões, daí a pertinência dessa reflexão. Temos excesso de "eus" reunidos que nunca se encontram em seu verdadeiro significado. O apóstolo Paulo declara aos coríntios que a causa principal das patologias da igreja e da sociedade está em nos reunirmos e continuarmos sendo "eus", com cada um comendo apressadamente seu próprio pão.

Alguns eventos hoje não passam de uma *"rave* religiosa" — celebrações coletivas do interesse individual. Contudo, uma expressão coletiva não garante consciência comunitária.

Chamo atenção para que o leitor dedique atenção ao processo construtivo do pensamento a que o Douglas nos convida quando estabelece como princípio fundamental da reflexão a natureza plural de Deus como elemento essencial da criação.

"Nós" não é consequência relativa, não é resultado da reunião dos "eus". O "nós" não é formado pela reunião de vários "eus", como, religiosamente, somos tentados a pensar: que a presença de Deus é o resultado da nossa reunião e dos nossos esforços litúrgicos.

"Nós" é o princípio fundamental, a natureza geradora de todas as coisas. Qualquer "eu" é significado quando encontra a consciência "nós". O "nós" é absoluto, e o "eu" é relativo.

Aproveitando a deixa do autor que cita um verso de Tom Jobim, quero arriscar também um verso da canção Brigas, de Altemar Dutra, bem a propósito da reflexão — mesmo correndo o risco de que a maioria dos leitores não faça a menor ideia de quem ele seja. (Vale ler todo o poema!)

> Pois, sem Amor
> Estamos sós
> Morremos nós.

No amor de Cristo,

PASTOR PAULO BORGES JR.
Coordenador e um dos fundadores do
Ministério Sal da Terra

INTRODUÇÃO

CERTAMENTE VOCÊ JÁ OUVIU

falar que vivemos numa era em que as pessoas são cada vez mais individualistas. Isso não é novidade. Tudo o que mais importa é a satisfação pessoal, a realização profissional, o alcance individual de metas e objetivos e assim por diante. Embora a internet tenha proporcionado novas formas de conectar as pessoas umas com as outras, o ser humano parece cada vez mais isolado e solitário. Nas redes sociais, todos parecem se divertir, amar, realizar sonhos... Mas, será que essa felicidade é tão concreta quanto parece? O aumento no número de suicídios e do uso de medicamentos antidepressivos parecem contradizer esse quadro.

Com tanta evolução tecnológica, com tanto avanço da ciência, com tantas liberdades individuais, o que será que a humanidade está fazendo de errado? Por que as pessoas, incentivadas de diversas maneiras a buscarem o próprio bem e aquilo que as fará felizes, parecem tão perdidas e insatisfeitas? Suspeito que o problema esteja justamente no individualismo.

Este livro vai na contramão do que a sociedade do século 21 tanto valoriza. A ideia de publicá-lo surgiu do desejo de compartilhar com cada vez mais pessoas aquele que tem sido, desde o início, um dos pilares do movimento JesusCopy.

Em abril de 2019, ministramos uma série de pregações intitulada "Sou nós", mas o tema já havia sido abordado anteriormente em uma de nossas conferências. Na verdade, a crença de que Deus é um Deus comunitário e que por isso nos chama a imitar esse modelo em tudo que planejarmos ou fizermos tem norteado todas as nossas ações. Nada mais natural, portanto, que volta e meia esse seja o tema da mensagem de domingo, dos estudos nos pequenos grupos e de vários outros projetos que a nossa igreja local desenvolve. Muito do que você vai ler nas páginas a seguir é uma compilação de todo esse material, que, podemos dizer, faz parte do DNA da nossa família.

Acreditamos tanto na relevância dessa mensagem para fazer frente ao individualismo, que é marca do nosso tempo, que decidimos fazer um esforço na tentativa de espalhá-la a todos os cantos, para que ela alcance outras comunidades e promova os mesmos benefícios que têm proporcionado à nossa. O entendimento a respeito do que vem a ser o homem coletivo é transformador e, com certeza, fará diferença na vida de cada leitor, e, consequentemente, em suas respectivas igrejas.

Vamos começar defendendo a ideia — aparentemente sem sentido — de que Deus quer mudar a nossa relação com a gramática. Não existe espaço para a primeira pessoa do singular numa comunidade cristã. Afinal, a história humana começou justamente quando Deus diz "Façamos"! Veremos como esse projeto divino é revolucionário se aplicado aos dias de hoje e, apesar do pecado que ocasionou a Queda, ele continua valendo e transformando comunidades inteiras. Tratar o pecado conforme o ensinamento da Bíblia disponibiliza mais rapidamente o perdão que cura e faz as bênçãos de Deus transbordarem sobre todos.

Embora a livro fale de unidade, vamos entender que esse termo não significa uniformidade e que cada pessoa, com seus dons, talentos e personalidades, desempenha um papel importante no corpo de Cristo. Deus fez cada um de nós de um jeito e não faz o menor sentido achar que só o jeito de um ou de outro é que está certo. Depois de compreendermos todas essas coisas, com certeza seremos capazes de caminhar em conjunto, como se fôssemos um só ser em Cristo. Creio fortemente que nesses preceitos está o segredo para combater o mal do egocentrismo que tanto ameaça a igreja e cada um de nós.

Para ilustrar cada capítulo deste livro, trouxemos relatos, depoimentos e testemunhos de pessoas que experimentaram as verdades desses princípios. Personagens bíblicos e gente comum, como você e eu, têm muito a nos ensinar. Além disso, cada tema traz um convite à reflexão pessoal e propõe formas para que você coloque em prática o que leu.

Espero que Deus o abençoe nessa jornada rumo à compreensão de que você, o irmão que senta a seu lado na igreja e eu, todos nós somos um em Cristo. Tudo o que escrevi aqui mudou completamente minha vida, meu casamento, minha igreja. Meu desejo é que cada comunidade cristã, em cada recanto do mundo, possa experimentar também essa transformação e passe a enfrentar todos os desafios gritando sempre bem alto, para quem quiser ouvir: *É nós!*

"FAÇA MOS!"

Vou te contar, os olhos já não podem ver
Coisas que só o coração pode entender
Fundamental é mesmo o amor
É impossível ser feliz sozinho
(TOM JOBIM)

O RELATO DA CRIAÇÃO talvez seja um dos textos mais populares entre os seguidores de Cristo no decorrer dos séculos. Os que nasceram em lares cristãos certamente familiarizaram-se desde a infância com a forma como Deus criou todas as coisas. Primeiro, só havia o caos. A terra, sem forma e vazia, jazia na escuridão de densas trevas. Então, com sua palavra, Deus foi trazendo coisas à existência: primeiro a luz, depois as águas, a parte seca da terra, as plantas, o sol, a lua e as estrelas, e então os animais, até que no sexto dia, ele resolveu criar o ser humano.

Em Gênesis 1:26,27 lemos o seguinte:

Então disse Deus: "Façamos o homem à nossa imagem, conforme a nossa semelhança. Domine ele sobre os peixes do mar, sobre as aves do céu, sobre os grandes animais de toda a terra e sobre todos os pequenos animais que se movem rente ao chão". Criou Deus o homem à sua imagem, à imagem de Deus o criou; homem e mulher os criou.

Você se lembra das suas aulas de português na escola? Está na hora de recordá-las. Repare que Deus, um substantivo próprio, masculino, singular, diz: "Façamos". Não há registro de que naquele momento houvesse anjos, com quem ele pudesse estar falando, e muito menos de que o homem tenha sido criado à imagem de seres angelicais. Deus fala com ele mesmo, mas, por que, ao fazer isso, não usou a primeira pessoa do singular, mas sim a primeira pessoa do plural? Ele não disse: "Agora *eu* vou fazer o homem à *minha* imagem, conforme a *minha* semelhança". O registro bíblico é muito claro e deixa para nós uma pista importante de quem é esse Deus. Ao usar a primeira pessoa do plural, ele revela que é um Deus que não anda só.

AO USAR A PRIMEIRA PESSOA DO PLURAL, ELE REVELA QUE É UM DEUS QUE NÃO ANDA SÓ.

Para os cristãos, acostumados desde sempre ao conceito de Trindade, isso não chega a ser uma novidade. Deus é Pai, Filho e Espírito Santo. Deus é três em um. É em nome dessas três pessoas que compõem a Trindade, por exemplo, que batizamos os crentes nas igrejas, obedecendo à ordem do próprio Jesus (cf. Mt 28:19). Deus abriga em si três pessoas, iguais em essência. Mas o meu convite aqui é para que a gente reflita no significado prático dessa realidade.

Acredito que cada um de nós é chamado a imitar Deus, a copiar o caráter de Cristo e a expressar isso no dia a dia. Um dos atributos eternos de Deus é o amor. O cristianismo crê que Deus é amor. Mas como seria possível amar sozinho? Sabemos que Deus é eterno, o que significa que ele não teve começo nem vai ter fim, e por isso fica claro que ele sempre foi e sempre será amor.

Para que o amor se revele é necessário que haja uma fonte de amor e um objeto do amor, portanto, podemos dizer que há uma dinâmica envolvida no ato de amar. O amor flui do amante para o amado. Se Deus é amor, isso significa que ele só poderia ser uma comunidade. Deus Pai é o amante, Deus Filho é o amado e Deus Espírito Santo é o que circula entre eles. Deus é uma família, e se você tem o privilégio de fazer parte de uma comunidade de irmãos em Cristo, de uma família de fé, você pode dizer que está em Deus.

Voltando ao texto bíblico, lemos no versículo 27 que Deus criou "o homem à sua imagem". Algumas versões bíblicas traduzem o termo "homem", que no original hebraico é *Adam*, como "seres humanos" (NTLH). O texto prossegue informando: "à imagem de Deus o criou; homem e mulher os criou". A palavra "homem" aqui não é mais *Adam* e sim *ish*; "mulher" é *isha*. Assim, em Gênesis 1:27, Adão não é um indivíduo — aquele homem que aparece nos desenhos com uma folha de parreira cobrindo os genitais. Adão é um homem coletivo, pois Deus criou Adão macho e Adão fêmea. Em outras palavras, Deus, que é uma família, quando criou sua obra prima, feita à sua própria imagem, não poderia criar outra coisa que não fosse uma família!

O Deus que cria um ser que deveria espelhá-lo diz: "*façamos* o homem à *nossa* imagem, conforme a *nossa* semelhança". O Deus que fala "nós" não poderia criar um ser que diz apenas "eu". Ele precisava criar alguém que dissesse "façamos", "criemos", "busquemos a felicidade", "comamos a melhor comida". No Éden, Adão era esse homem coletivo. O nome Eva só aparece em Gênesis 3, depois do relato da Queda. Antes disso, no jardim, a mulher não se chamava Eva. Era simplesmente mulher, ou varoa, nas versões bíblicas mais antigas. O varão, o macho; e a varoa, a fêmea, formavam esse Adão, esse homem coletivo. O paraíso, então, era um lugar onde não havia "eu", não existia "você", nem "meu", nem "seu". Só havia "nós", só se falava "nosso".

O DEUS QUE FALA "NÓS" NÃO PODERIA CRIAR UM SER QUE DIZ APENAS "EU".

Dito isso, a primeira conclusão a que chegamos é que você não é a imagem de Deus. Eu não sou a imagem de Deus. Na verdade, a imagem de Deus *é nós*! Por isso é que o diabo trabalha tanto para disseminar a separação no meio de uma igreja. A separação entre nós faz desaparecer a imagem de Deus. O contrário também é verdadeiro: quando esse "nós" surge, então somos capazes de refletir a imagem Deus, como um espelho cristalino.

Jesus mesmo garantiu: "Pois onde se reunirem dois ou três em meu nome, ali eu estou no meio deles" (Mt 18:20). Ele aparece quando dois ou três se juntam. A comunidade é formada por "nós". Deveríamos abolir do nosso vocabulário e da nossa mente a ideia de que é possível viver a vida cristã individualmente. Não existe "eu vou fazer", não existe "minha igreja" ou "meu ministério". O que existe é "nossa igreja", "nosso ministério". Existe "façamos"!

Gente precisa de gente

O segundo capítulo de Gênesis é uma espécie de *zoom* do texto que vimos (1:26,27). Gênesis 2 detalha como foi a criação da humanidade, do homem e da mulher, que lemos anteriormente. Olhando agora mais de perto, vemos que Deus criou o Adão macho e o colocou no jardim. Adão começa a trabalhar nesse lugar e, como se fosse um gerente, dá nome aos outros seres criados e cuida para que tudo funcione conforme Deus havia estabelecido. A Bíblia diz que o homem foi feito para dominar as demais criaturas e para cultivar o jardim (Gn 1:26, 2:15) e era isso que Adão estava fazendo quando o relato mostra a intervenção divina:

> *Então o Senhor Deus declarou: "Não é bom que o homem esteja só; farei para ele alguém que o auxilie e lhe corresponda".* **GÊNESIS 2:18**

Note que se trata de uma declaração do próprio Deus. O mesmo Deus que, ao formar todas as coisas — desde a luz até os animais, passando pelas plantas e mares — declarou que tudo era bom, agora, ao observar Adão cuidando do Éden, declara que aquilo não era bom. É a primeira vez que Deus parece insatisfeito com algo que havia criado. "Não é bom que o homem esteja só", ele diz. Creio que Deus olhou para si mesmo, em sua existência trinitária, e depois olhou para o homem criado e concluiu que aquilo não era bom.

Outro fato interessante nessa passagem é que não é o homem que reclama de sua condição solitária. Na verdade, o homem tinha a companhia de todos os animais, aos quais, inclusive, dera nomes. Fico imaginando o barulho dos pássaros, os sons emitidos pelos cavalos, pelo gado, pelas onças e pelos elefantes. Talvez eles até falassem (isso não é dito na Bíblia, obviamente, mas, gosto de imaginar essa possibilidade, já que a serpente vai conversar com a mulher mais adiante... Quem sabe o Éden não se parecia com Nárnia, não é?). Enfim, a condição de Adão não era exatamente de solidão.

"façamos!" | 35

Como se não bastasse a companhia dos animais, Deus também descia para conversar com ele na viração do dia. Alguém que tem o privilégio de conviver diariamente com a Trindade não é o que se pode chamar de um ser solitário. Mas isso é o que Deus diz. O próprio Senhor da criação afirma que Adão está só e que não é bom que fique assim.

Isso nos leva a uma conclusão bastante surpreendente: o homem somado a Deus equivale a um homem sozinho. Se pudéssemos escrever uma expressão matemática, é como se Deus olhasse para Adão e visse: ele + eu = ele sozinho. A grande verdade é que gente precisa de Deus, mas gente precisa de gente. Adão vivia num lugar maravilhoso. Abaixo dele estavam todos os seres criados. Acima dele estava o próprio Deus. Mas não havia ninguém ao seu lado, não havia ninguém que lhe correspondesse, ninguém a quem pudesse olhar de igual para igual. Tal situação fazia dele um ser terrivelmente solitário e essa cena provocava calafrios em Deus.

O HOMEM MAIS DEUS EQUIVALE AO HOMEM SOZINHO.

Levando em conta que nosso objetivo é ter o coração de Deus, cenas como essa deveriam provocar calafrios em nós também! Se uma pessoa entra no local onde se reúne a comunidade cristã é inadmissível que ela passe pela mesma experiência de Adão lá no Eden, isto é, não é aceitável que permaneça sozinha, sem alguém que lhe corresponda. É bem provável que ela se sinta assim no trabalho, na faculdade, no condomínio. Possivelmente essa pessoa tem de comer sozinha, locomover-se sozinha de um compromisso ao outro, porque em todos os lugares que ela frequenta sempre vão lhe exigir alguma coisa que muitas vezes ela não tem para oferecer. Mas na família de Deus isso não pode acontecer. Precisa ficar muito claro para aqueles que nos visitam que nós é que temos algo a dar, que nada lhes será exigido. No lugar que chamamos de casa de Deus, ninguém deve ficar sentado no canto, solitário, sem ter alguém que olhe nos seus olhos e o acolha.

NO LUGAR QUE CHAMAMOS DE CASA DE DEUS, NINGUÉM DEVE FICAR SENTADO NO CANTO, SOLITÁRIO.

É próprio do ser humano formar grupos por afinidade, seja por faixa etária, seja por gênero ou mesmo pela atividade desenvolvida. Na igreja, costumamos chamar grupos desse tipo de "panelinha". Muitas vezes, esses grupos são tão fechados que a tarefa mais difícil para alguém que chega num ambiente assim é se enturmar com alguém, é penetrar essa "panelinha". Precisamos abrir mão das nossas conveniências, dos nossos grupos de afinidade para que sejamos mais parecidos com Deus. Precisamos trocar o nosso egoísmo fechado pela receptividade franca e aberta.

"Sou eu o responsável por meu irmão?"

Caim e Abel foram os primeiros filhos de Adão e Eva, logo depois que eles foram expulsos do Éden. Eles foram também os protagonistas do primeiro crime de morte registrado na Escritura. Caim, o irmão mais velho, era agricultor e Abel, pastor de ovelhas. Os dois levaram a Deus ofertas do fruto de seu trabalho, e a Bíblia diz que Deus se agradou de Abel e sua oferta, mas o mesmo não aconteceu a Caim. Sentindo-se talvez frustrado ou com raiva, ou mesmo enciumado, Caim convidou o irmão para ir até o campo e, chegando lá, o atacou e o matou. O onisciente Deus, então, pergunta a Caim a respeito do paradeiro de Abel, ao que o primogênito de Adão e Eva responde: "Não sei;

> sou eu o responsável por meu irmão?" (Você pode ler essa história completa em Gênesis 4:1-15).
>
> Sem entrar no mérito da rejeição de Deus a Caim e sua oferta, chama a atenção a indiferença e o desprezo que este demonstrou pelo irmão ao responder ao questionamento divino. Sempre que somos indiferentes a quem está ao nosso lado deturpamos a imagem de Deus que deveríamos espelhar com fidelidade. Que você e eu possamos demonstrar interesse genuíno por aqueles a quem chamamos de irmãos!

Mas há um outro lado nessa história. Às vezes, a pessoa que chega na igreja está tão ferida, tão machucada que ela mesma se fecha para novos relacionamentos de amizade e comunhão. O orgulho e o medo da rejeição podem levar ao isolamento, que é tão prejudicial quando se trata do corpo de Cristo. Falta a essa pessoa a compreensão de que ela já foi aceita pelo Criador de todo o universo.

Precisamos abrir nossa vida para Deus e uns para os outros. Frequentar uma reunião em grupo pequeno não é mais ir à casa de Fulano ou Sicrano. É ir à nossa casa, porque a igreja "é nós", e assim, tudo é nosso.

Ao concluir que não era bom que Adão permanecesse só, Deus cria a mulher. Gênesis 2:21-24 registra esse momento:

Então o Senhor Deus fez o homem cair em profundo sono e, enquanto este dormia, tirou-se uma das costelas, fechando o lugar com carne. Com a costela que havia tirado do homem, o Senhor Deus fez uma mulher e a levou até ele. Disse então o homem: "Esta, sim, é osso dos meus ossos e carne da minha carne! Ela será chamada mulher, porque do homem foi tirada". Por essa razão, o homem deixará pai e mãe e se unirá à sua mulher, e eles se tornarão uma só carne.

Esse é um trecho muito usado nos casamentos, mas não significa que quem está só precise desesperadamente se casar. O casamento, sem dúvida, é algo bom, mas há outros tipos de relacionamento dentro do Corpo de Cristo que impedem a solidão. Mas quero chamar sua atenção para o tipo de união que Deus promoveu entre Adão e Eva. Deus os tornou de fato semelhantes a ele, porque eles, embora sendo dois, tornam-se "uma só carne". Daquele momento em diante, eles passam a ser "nós". E, mais do que isso: ao tornarem-se um, eles ficam tão semelhantes ao Criador que são capazes de continuar a criação.

Pense um pouco no que uma comunidade cristã seria capaz de conquistar, quantas pessoas ela poderia alcançar, apenas por adquirir a compreensão de que é formada não por vários "eus", mas por "nós".

O Éden testemunhou a criação perfeita de Deus, até que veio a Queda, em decorrência do pecado. No entanto, nem mesmo essa tragédia é capaz de impedir a força criadora de uma comunidade de amor, uma comunidade que se identifica como "nós" e que entende que, em Cristo, tudo é "nosso", e que por isso está sempre pronta a dizer *"façamos* o Reino de Deus acontecer aqui e agora"! É disso que vamos tratar no próximo capítulo.

"Hoje, sinto-me querido pelos que me cercam"

"Aos 12 anos, eu sofria muito com a solidão. Meus relacionamentos eram oportunistas, meus 'amigos' só me procuravam quando era conveniente para eles e eu me sentia muito mal com isso. Nessa época, eu não tinha propósito para viver. Não havia quem se importasse com a minha vida e nem líderes que me amassem, orassem e jejuassem por mim. Eu só desejava que a dor parasse e que eu pudesse me sentir feliz, querido, necessário. Quando isso ainda era realidade na minha vida, meus pensamentos se inclinavam ao suicídio. Era a única saída que eu conseguia enxergar. Atualmente, eu vejo o amor de Deus por mim, o sacrifício que Jesus fez por mim na cruz do Calvário, sinto-me querido pelos que me cercam. Hoje, posso dizer que Sou Nós. Tirei a primeira pessoa do singular do meu vocabulário e a troquei pela primeira pessoa do plural. Ele me deu uma família, amigos, pessoas que se importam comigo, e eu irei viver por Ele".

Enviado por **CAIO BARRETO**

1) Você considera a sua igreja uma comunidade receptiva e pronta a acolher quem quer que seja? Explique sua resposta.

_____
_____
_____
_____
_____
_____
_____
_____
_____
_____
_____

2) Tente se lembrar quando foi a última vez que você se aproximou de um visitante em sua igreja e iniciou uma conversa. Use o espaço a seguir para registrar os fatos de que você se lembra:

3) No próximo culto ou reunião da igreja em que você estiver presente, saia de casa com a intenção de se aproximar de alguém de fora do seu círculo habitual de amizade. Faça perguntas sobre a vida dessa pessoa e ouça o que ela diz com atenção. Depois, registre aqui como foi essa experiência:

_____

_____

_____

_____

_____

_____

_____

_____

_____

_____

_____

_____

_____

A IGREJA É

NÓS

Faz do teu lar um ninho e do mundo, um chão

Onde se plante paz e comunhão!

[...]

Para que o pão que venha a ser por nós assado

Seja sinal traçado de viver.

Faz tua nova casa na varanda do velho chão,

Convida o teu irmão pra vir morar contigo;

Planta paredes novas,

feitas para servir de lar e abrigo.

(GLADIR CABRAL)

TUDO IA BEM NO ÉDEN, até que surgiu a serpente. A convivência harmoniosa experimentada por Adão e Eva com Deus e toda a criação foi por água abaixo com um simples gesto de desobediência, um ato de rebeldia, que chamamos de pecado.

Ao sugerir que Adão e Eva poderiam ser conhecedores de tudo e independentes de Deus, Satanás, representado pela serpente, inoculou também a semente do individualismo naqueles primeiros seres humanos. Ao serem questionados por Deus depois de terem feito o que não deveriam, um passou a acusar o outro. Ou melhor: cada um passou a se defender individualmente, ou seja, naquele momento eles deixaram de ser "nós".

A consequência desse pecado foi muito além da expulsão do paraíso. Na verdade, até hoje a humanidade precisa arcar com os efeitos causados por aquilo que ficou conhecido como pecado original. Por causa da desobediência daquele casal, todos nós passamos a carregar essa semente maligna.

A Bíblia diz que "da mesma forma como o pecado entrou no mundo por um homem, e pelo pecado a morte, assim também a morte veio a todos os homens, porque todos pecaram" (Rm 5:19). Trata-se de uma espécie de herança maldita, que pode ser observada no coração humano desde a mais tenra idade. Quem já teve a oportunidade de conviver com bebês, por exemplo, pode comprovar esse fato com muita facilidade. Se um bebê acorda de madrugada, o mundo precisa parar para atendê-lo! Uma das primeiras palavras que a criança aprende a falar é "meu". E, por incrível que pareça, muitos adultos agem como se ainda fossem bebês.

Se o bebê estiver com fome, certamente vai chorar até que sua necessidade seja atendida. Ele não quer saber se a mãe está ocupada ou doente, se o leite acabou ou se a babá foi ao banheiro. "Eu preciso comer", é só o que conta para ele! Se um pai ou uma mãe, na hora de levar o filho à escola, não encontrar um lugar adequado para estacionar, muito provavelmente vai parar o carro em fila dupla ou estacionar na frente de alguma garagem. Não importa quantas pessoas serão prejudicadas, o que conta é a "minha necessidade". Não é raro vermos uma criança brigando com outra por não querer emprestar um brinquedo. "É meu!", ela diz, cheia de razão. Se o pedestre não consegue chegar ao outro lado da rua antes que o sinal fique verde para o motorista, pode esperar a buzinada impaciente: "Vai logo! Você está atrapalhando, a rua é minha!".

QUANDO ESTAMOS CENTRADOS EM NÓS MESMOS, PERDEMOS A CAPACIDADE DE PENSAR COLETIVAMENTE.

Quando estamos centrados em nós mesmos, perdemos a capacidade de pensar coletivamente e, pior ainda, ofuscamos a imagem do Deus comunitário que, ao criar o mundo, disse: "façamos". Se lá no Éden, o subterfúgio de Satanás foi usar a serpente para convencer a mulher a ser "mais ela", hoje a estratégia não é muito diferente. Podemos perceber as manifestações da serpente nos nossos dias por meio de *outdoors*, peças publicitárias, obras de ficção e assim por diante. Diariamente convivemos com mensagens do tipo: "Seja mais você"; "Você merece o melhor"; "Ame-se mais"; "Valorize-se"; "O mundo é seu" etc. Isso apenas reforça algo que está dentro de cada um, já que a maioria das pessoas acorda e vai dormir pensando apenas em si mesmas.

Um preço muito alto

O pecado é algo tão violento que não fez separação apenas entre os seres humanos; ele fez separação também entre a própria Trindade. "Como assim? Existe algo capaz de separar a Trindade?", talvez você esteja pensando... Eu explico: para nos resgatar do pecado, Cristo precisou assumir o nosso lugar. Isso significa que, no momento da crucificação, ele teria de deixar de ser um com o Pai, a fim de morrer por você e por mim. A grande maldição do pecado é a morte. Mas, o que é morrer? É ser só eu!

Ao ler os evangelhos, ou quando, nos filmes sobre a vida de Cristo, assistimos às cenas da crucificação, podemos observar o sofrimento que ele experimentou, mesmo antes de ser pendurado no madeiro. Jesus entrou em agonia no Jardim do Getsêmani, onde tinha ido para orar, ao saber que a hora de seu sacrifício se aproximava. Ele chegou a suar sangue enquanto implorava ao Pai que passasse dele aquele cálice. Jesus nunca havia feito esse tipo de oração. É como se ele dissesse: "Pai, não tem outro jeito?" Mas, será que Jesus queria evitar apenas o sofrimento físico que lhe estava reservado? Não há dúvida de que a dor que ele sentiu foi muito intensa. Cravos foram pregados em seus braços e pernas. Uma coroa de espinhos foi posta sobre a sua cabeça. Ele foi cuspido, açoitado, insultado, rejeitado... Foi uma dor terrível e inimaginável. Mas, creio que o que provocou o desespero e a agonia de Jesus foi saber que ele teria de passar um momento sendo apenas "eu" e não "nós".

Durante toda a eternidade passada e futura, Cristo experimenta a comunhão da Trindade — ele só sabe o que é ser nós! Mas, por causa do pecado, ele resolveu assumir o lugar desse ser humano que havia escolhido a individualidade. Jesus aceita passar um período "sendo eu" para nos devolver o direito de "ser nós". Por um instante, ele experimenta a dor de ser "só eu", e isso o leva a gritar, em desespero, pendurado no alto do Calvário: "Meu Deus! Meu Deus! Por que me abandonaste?".

JESUS ACEITA PASSAR UM PERÍODO "SENDO EU" PARA NOS DEVOLVER O DIREITO DE "SER NÓS".

Naquela cruz, Jesus estava trocando de lugar com a gente. Podemos imaginá-lo dizendo: "Eu vou 'ser eu' no lugar de vocês, para que vocês voltem a 'ser nós' no meu lugar". Ele aceitou separar-se momentaneamente da Trindade para resgatar a nossa comunhão com o Deus triúno. Foi um preço muito alto, mas agora você e eu podemos olhar para o Pai, olhar para o céu, olhar para o espelho e dizer: "É nós!".

No decorrer dos últimos dois mil anos, pessoas têm se convertido a Cristo após ouvir o evangelho. A conversão pode ocorrer de diversas maneiras: uma pregação, um livro, um filme, um testemunho e até um sonho podem ser instrumentos que o Espírito Santo usa para convencer o homem ou a mulher a reconhecer seu pecado e entregar a vida a Jesus. Mas, em todos os casos, o que acontece é que a pessoa que se converte é levada pelo Espírito àquela cruz, diante da qual ela precisa reconhecer ao ver o Cristo crucificado: "Ele está morrendo em meu lugar"!

Eu não sei em que circunstâncias você se converteu, mas o que eu sei é que os seus e os meus pecados foram perdoados por causa da morte desse Homem, que é cem por cento Deus! Ele pagou pelos nossos pecados. Foi por mim, foi por você. Ele é o nosso Salvador. Aceitar Jesus como Salvador é reconhecer que a salvação veio até você por causa do que ele fez naquela cruz.

Acontece que não podemos esquecer que Cristo fez o que fez para assumir o nosso lugar. O sacrifício dele tornou possível a nossa reconciliação com a Trindade. Então, quando o Espírito Santo o convenceu do pecado e o levou diante daquela cruz, você se tornou um com Cristo. Já não é mais o pecador contemplando o Cristo crucificado; é o pecador sendo crucificado com Cristo. Você e Cristo morreram naquele instante. Três dias depois, você e Cristo ressuscitaram. Você e eu vivemos uma nova vida em Jesus. Essa é a experiência do pecador que se converte. Nós nos tornamos novas criaturas em Cristo.

JÁ NÃO É MAIS O PECADOR CONTEMPLANDO O CRISTO CRUCIFICADO; É O PECADOR SENDO CRUCIFICADO COM CRISTO.

Veja o que o apóstolo Paulo escreveu em sua carta aos cristãos da Galácia:

> *Fui crucificado com Cristo. Assim, já não sou eu quem vive, mas Cristo vive em mim. A vida que agora vivo no corpo, vivo-a pela fé no Filho de Deus, que me amou e se entregou por mim.* **GÁLATAS 2:20**

Aos cristãos romanos, o mesmo Paulo declarou:

> *Portanto, agora já não há condenação para os que estão em Cristo Jesus.* **ROMANOS 8:1**

A experiência da conversão não nos permite sair andando por aí como antes. Na verdade, nós nos tornamos um com Cristo e vivemos nele. Note que Paulo não diz que não existe condenação para quem *crê* em Jesus, mas para quem *está* nele. E isso faz toda a diferença. Não há condenação para nós, porque você e eu morremos naquela cruz com Cristo.

Nós merecíamos ser condenados porque pecamos com o homem e a mulher do Éden. Em Adão todos pecaram (cf. 1Co 15:22), mas nós não estamos mais em Adão. Estamos em Cristo, estamos com ele na Trindade santa! Podemos então dizer que salvação significa sair da individualidade de Adão e entrar na coletividade de Cristo. Quando um cristão entra em determinado lugar, quem entra é o próprio Cristo. É claro que, se saíssemos falando isso nos nossos locais de trabalho ou no nosso condomínio, provavelmente nos chamariam de loucos. Mas essa é uma realidade. Jesus e você são um. Jesus e eu somos um. Isso, obviamente, quer dizer que eu e você também somos um. Quem vive agora é nós!

"Hoje você estará comigo no paraíso"

No dia da crucificação de Jesus, havia dois criminosos que foram também crucificados, um à direita e outro à esquerda dele. Um deles fazia coro aos insultos da multidão e dos soldados romanos, mas o outro compreendeu perfeitamente o que estava acontecendo. Além de chamar a atenção do que proferia afrontas, esse homem reconheceu que seu castigo era merecido devido aos crimes que havia praticado e voltou-se para

> Jesus, pedindo-lhe que se lembrasse dele quando entrasse em seu Reino. Imediatamente, Jesus assegurou que naquele mesmo dia eles estariam juntos no paraíso. (Você pode ler essa história em Lucas 23:32-46).
>
> A "conversão relâmpago" desse malfeitor ilustra bem o que acontece no momento em que aceitamos Jesus como nosso Salvador. Somos confrontados com o nosso pecado, vemos esse pecado castigado em Cristo, somos crucificados com ele e adquirimos o direito de desfrutar da companhia dele, aqui e na eternidade. Que a gente nunca perca a dimensão do que é termos sido feitos um com Cristo!

Mudança gramatical

Minha vida em comunidade mudou completamente quando entendi que não sou mais eu que vivo, mas sim nós. Não existe mais a minha vontade, e sim a nossa. Se eu e meus irmãos somos um em Cristo, eu e meus irmãos estaremos sempre ansiosos por conhecer e fazer a vontade boa, perfeita e agradável de Deus. A vontade Dele passa a ser a nossa.

Eu sempre ficava intrigado com a recomendação da Bíblia de que devemos orar sem cessar (cf. 1Ts 5:17).

Parecia algo impossível. Mas agora eu entendo que acordo e vivo para Ele todos os dias. Simplesmente não dá para parar de orar. A minha vontade está misturada à Dele, e eu olho para o espelho, assim como olho para o meu irmão e só consigo dizer: "É nós"!

AGORA EU ENTENDO QUE ACORDO E VIVO PARA ELE TODOS OS DIAS. SIMPLESMENTE NÃO DÁ PARA PARAR DE ORAR.

Mais adiante falaremos um pouco mais sobre a vida em comunidade, mas por enquanto quero destacar que *a igreja é nós*! Se somos um com Cristo e uns com os outros, não é aceitável, por exemplo, que um irmão fale mal de outro. Se identifico algum comportamento no meu irmão que não acho que seja correto, por qualquer motivo, eu nunca posso usar "ele" ao apontar essa falha. Porque *ele*, na verdade, é *nós*.

Numa comunidade cristã, as faltas, os desvios de comportamento e mesmo as coisas simples como o mau hálito precisam ser tratados sempre no âmbito do "nós" e nunca do "ele". Deveria ser proibido em nossas igrejas comentários a respeito de irmão que comecem com "ele". "Você viu como *ele* tem mau hálito?". Qualquer exortação ou advertência deveria ser feita em amor e em sinceridade a "nós". Porque o que afeta um afeta todos. Na igreja há nós, *a igreja é nós*!

"Começou o *nós* e acabou o *eu*"

"Por algum tempo nós, líderes de células, estávamos focados cada um em seu 'departamento'. Todo o trabalho de apascentar e cuidar dos jovens que chegavam à rede cabia a uma pessoa apenas. Então, começamos a perceber um esfriamento não só dos que iam chegando, mas também da liderança. O pastor resolveu fazer uma reunião para que isso mudasse. Com palavras doces, ele falou sobre o amor de Deus e explicou que esse amor poderia ser fonte de vida não só em nós, mas também através de nós em outras pessoas. A partir daí, iniciou-se um trabalho de discipulado, amor e cuidado para os que já estavam na liderança. Mas não parou aí, porque os que estavam chegando logo encontravam um ambiente cheio de amor e cuidado. Acabou o EU e começou o NÓS. Temos

> experimentado a misericórdia de Cristo. Somos gratos pelo fim da individualização e o início de uma comunidade unida em prol do Reino de Jesus."
>
> *Enviado por* **MARCOS MOREIRA**

Existe uma concepção tão errada de igreja por aí que precisa ser desfeita o quanto antes. Peguemos o exemplo de um crente que vá a uma grande conferência de temática evangélica em que estarão reunidos durante um fim de semana milhares de outros crentes de todo o Brasil e até do exterior. Lá, num ambiente climatizado e sentando em cadeiras estofadas, esse irmão terá oportunidade de ouvir os melhores pregadores da atualidade, irá cantar sob o comando dos ministros de louvor mais famosos. O som é perfeito, os telões o ajudam a não perder um só minuto daquelas reuniões maravilhosas.

No final, ele volta para sua cidade sentindo-se renovado com tudo que viu e ouviu. Mas no domingo seguinte ele tem de ir ao culto em sua igreja. Quem vai pregar é o pastor de quem a maioria dos evangélicos nunca ouviu falar. Os músicos, apesar de esforçados, não dispõem de instrumentos e equipamentos de som capazes de fazer vibrar as paredes do templo. É tudo tão diferente do que esse irmão teve a oportunidade de experimentar apenas uma semana atrás, que ele não consegue evitar um sentimento de frustração e desânimo com sua igreja.

Mas, sabe por que isso acontece? Porque falta a ele a compreensão exata do que vem a ser a igreja. E, infelizmente, ele não está sozinho nesse equívoco. A igreja não é o grupo de louvor, não é o pregador ou a pregação, não são os bancos nem os equipamentos eletrônicos. A igreja não é a beleza arquitetônica de seu templo, não é um número grande de pessoas e cifras. A igreja é você e quem está ao seu lado. A igreja é nós! Se na sua congregação tem gente que você olha nos olhos e diz "é *nós!*", então essa é uma igreja maravilhosa.

SE NA SUA CONGREGAÇÃO TEM GENTE QUE VOCÊ OLHA NOS OLHOS E DIZ "É NÓS!", ENTÃO ESSA É UMA IGREJA MARAVILHOSA.

É claro que se dependesse de mim e de você, isso nunca daria certo. Como vimos no início deste capítulo, todos nós fomos contaminados com o vírus da individualidade, isto é o pecado, e por causa disso, não conseguimos nos encaixar um com o outro naturalmente. Em geral, as pessoas pensam diferentes, tem gostos e vontades diferentes.

Os casamentos são a melhor prova disso. Se depender da carnalidade de cada um, marido e mulher jamais ficarão juntos, porque um quer X enquanto o outro quer Y. Não é à toa que a maior causa de divórcios no mundo é justamente a incompatibilidade de gênios.

No entanto, quando se trata da igreja, de pessoas que foram salvas por Cristo e se tornaram um com ele e com os demais irmãos, essas diferenças não chegam a ser um problema. Na verdade, isso passa a ser fator de enriquecimento da comunidade, porque, todas as virtudes passam a ser valorizadas e todas as deficiências passam a ser supridas no convívio amoroso dos irmãos. A única maneira de sermos nós é abrirmos mão dos interesses individuais e trabalharmos pelos interesses de Cristo, com quem eu e você somos um. No Capítulo 7 vamos nos aprofundar um pouco mais nesse assunto.

O evangelho quer fazer uma mudança gramatical na vida de cada igreja por esse mundo afora. O Espírito Santo quer tirar o "eu" e colocar o "nós"; quer tirar da nossa boca o "meu" e colocar o "nosso". Muitas vezes nos maravilhamos quando lemos a respeito do avivamento descrito em Atos 2. Queremos que o Deus nos avive, derrame do seu Espírito. Gostaríamos que aquelas línguas de fogo pousassem sobre nós também e muitas vezes imploramos: "Senhor, faz isso de novo".

Creio que, mais do que fazer isso, Deus quer que sua igreja hoje seja como a comunidade de crentes que aparece descrita no final desse mesmo capítulo: "Os que criam mantinham-se unidos e tinham tudo em comum. [...] Partiam o pão em suas casas, e juntos participavam das refeições, com alegria e sinceridade de coração" (At 2:44,47). Quando o Espírito cai sobre uma comunidade, essa comunidade vira "nós". Os bens que cada um possui passam a ser de todos, porque somos apenas mordomos do que Deus nos deu. Não existe mais "o meu carro" ou "a casa da irmã Fulana". Tudo é nosso!

1) O que fez você compreender que é pecador e que precisa de salvação?

_____
_____
_____
_____
_____
_____
_____
_____
_____
_____
_____
_____
_____
_____
_____
_____

2) A igreja que você frequenta costuma tratar os problemas que surgem com amor e sinceridade? Se a sua resposta for negativa, como você acha que é capaz de influenciar os outros para que mudem seu comportamento?

3) Procure saber se há algum irmão ou irmã passando por algum tipo de necessidade em sua igreja e tome a iniciativa de ajudar essa pessoa de alguma maneira. Você pode convidá-la para um café e ouvir com atenção os seus problemas ou pode se oferecer para suprir alguma carência objetiva, como cuidar de um filho por algumas horas, comprar um remédio ou pagar uma conta vencida. Esse exercício serve de experiência para a vida real em comunidade, pois faz com que você participe ativamente da vida de alguém. Use o espaço abaixo para registrar suas impressões e as reações da pessoa que você ajudou.

TUDO É NOSSO,

ATÉ O PECADO...

Nenhum homem é uma ilha, completamente isolado. Cada homem é um pedaço do continente, uma parte do todo. Se um torrão for levado pelo mar, a Europa ficará menor, não importa se for um promontório, a casa do seu amigo ou a sua própria. A morte de qualquer homem me diminui, porque sou parte da humanidade.

(JOHN DONNE)

UMA COMUNIDADE QUE PODE DIZER que "tudo é nosso" certamente entendeu seu chamado de reproduzir a imagem do Deus que diz "façamos". Os crentes que se tornaram um em Cristo e com seus irmãos vão procurar a cada dia ampliar a experiência de ser "nós". Isso implica levar às últimas consequências o significado de dividir a vida uns com os outros. Mas é importante ressaltar que, quando abraçamos esse estilo de ser igreja, nossa responsabilidade se amplia, e todo e qualquer gesto que praticamos vai gerar efeitos sobre os demais membros desse grupo de irmãos em Cristo. Isso inclui, infelizmente, o nosso velho conhecido pecado.

O livro de Josué narra uma ocasião em que toda a nação de Israel foi punida por causa da desobediência de apenas uma pessoa. Como sabemos, Deus chamou Abraão, com quem fez um pacto, prometendo dar a ele uma terra e uma descendência que seria mais numerosa que as estrelas do céu. Por meio da família de Abraão, todas as famílias da terra seriam abençoadas. Depois de muitos anos, Abraão e sua mulher Sara, ambos já velhos, tiveram um filho chamado Isaque. Isaque casou-se com Rebeca com quem teve um filho chamado Jacó. Jacó, por sua vez, foi pai de doze filhos, que mais tarde viriam a formar as doze tribos de Israel.

Um dos filhos de Jacó, chamado José, foi vendido pelos irmãos como escravo ao Egito e, depois de uma série de altos e baixos, idas e vindas, o povo de Israel acabou sendo escravizado por aquela nação. Havia uma bênção sobre os israelitas. A unidade, organização e fertilidade deles fizeram com que os governantes do Egito os escravizassem e ali eles permaneceram por séculos, chegando a somar mais de um milhão de pessoas. Mas, resgatando a aliança que fizera com Abraão, Deus mandou Moisés para libertar seu povo da escravidão e liderá-lo rumo à terra prometida. Mais altos e baixos, idas e vindas, e, quarenta anos depois, Moisés havia morrido e o povo, agora liderado por Josué, tinha a missão de expulsar o povo pagão que habitava as terras que Deus havia prometido lhes dar. A essa altura, os descendentes das doze tribos de Jacó já haviam recebido as leis de Deus e haviam também alcançado o *status* de nação de Israel.

Os habitantes de Canaã eram extremamente maus, a ponto de sacrificar os próprios filhos recém-nascidos a

tudo é nosso, até o pecado... | 69

deuses, como Moloque. Toda essa maldade foi determinante para que Deus decidisse exterminá-los e entregar aquelas terras a Israel. Na realidade, Deus não estava só cumprindo a promessa que fizera a Abraão, mas também estava julgando o povo perverso que habitava ali. Josué era um general valente e destemido e, mais do que isso, temia a Deus e buscava fazer a sua vontade. A ordem de Deus em relação aos cananeus era para que fossem totalmente exterminados, a fim de que não restasse nada daquela cultura nefasta. Veja a determinação de Deus a Josué antes que o exército de Israel avançasse sobre Jericó:

> *A cidade, com tudo o que nela existe, será consagrada ao Senhor para destruição. Somente a prostituta Raabe e todos os que estão com ela em sua casa serão poupados, pois ela escondeu os espiões que enviamos. Mas fiquem longe das coisas consagradas, não se apossem de nenhuma delas, para que não sejam destruídos. Do contrário trarão destruição e desgraça ao acampamento de Israel. Toda a prata, todo o ouro e todos os utensílios de bronze e de ferro são sagrados e pertencem ao Senhor e deverão ser levados para o seu tesouro.* **JOSUÉ 6:17-19**

Deus deu essa ordem porque, naquela época, quando havia uma guerra ou mesmo uma batalha, era comum que o exército vencedor se apossasse de tudo o que pertencia aos derrotados, incluindo as pessoas, mulheres, adolescentes e crianças que eram levados como escravos. Os israelitas obtiveram uma vitória estrondosa sobre Jericó, cujas muralhas foram derrubadas de forma estupenda. Os soldados seguiram à risca as ordens de Deus e, teoricamente, tudo fora destruído.

Na batalha seguinte, contra uma cidade chamada Ai, Josué decide enviar um exército reduzido, já que, segundo o relato de seus espiões, a cidade não ofereceria muita resistência, por contar com poucos homens para defendê-la. Era uma batalha fácil, por assim dizer. Porém, para espanto de todos, os israelitas foram derrotados. Dos cerca de três mil soldados enviados, trinta e seis morreram em combate, enquanto os demais tiveram de fugir.

Sem entender nada, Josué rasga suas roupas, cobre a cabeça de terra e começa a implorar que Deus explique o motivo daquela derrota tão vergonhosa e tão inesperada. Até que Deus revela a Josué que alguém havia desobedecido à ordem de destruir tudo o que sobrasse de Jericó. Veja a resposta que Deus deu a Josué:

> *O Senhor disse a Josué: "Levante-se! Por que você está aí prostrado? Israel pecou. Violaram a aliança que eu lhes ordenei. Eles se apossaram de coisas consagradas, roubaram-nas, esconderam-nas, e as colocaram junto de seus bens. Por isso os israelitas não conseguem resistir aos inimigos; fogem deles porque se tornaram merecedores da sua destruição. Não estarei mais com vocês, se não destruírem do meio de vocês o que foi consagrado à destruição".* **JOSUÉ 7:10-12**

tudo é nosso, até o pecado... | 71

Só então, depois de uma investigação relativamente complexa, é que Josué chega a um homem chamado Acã e descobre que ele havia pegado alguns objetos de valor que encontrara em Jericó e escondera no chão, debaixo de sua tenda. O que chama a atenção nessa história é que, apesar de um homem apenas ter desobedecido às ordens de Deus, todo Israel foi considerado culpado. "Israel pecou", disse o Senhor.

Deus olha para nós coletivamente, ele nos vê como família, como nação, e isso significa que o pecado individual de um único crente, afeta toda a comunidade em que ele se encontra. Muitas vezes uma pessoa encontra dificuldades para vencer determinado pecado e pensa que isso só diz respeito a ela, mas se trata de um grande equívoco. Por causa do pecado de Acã, mais de trinta homens morreram, Israel perdeu a batalha e Deus atribuiu aquela culpa a todo o povo.

Isso me faz pensar em quantas batalhas as igrejas têm perdido pelo mundo afora por causa do pecado. Uma igreja que "é nós" será afetada por todas as ações de cada um de seus membros. Porque a ação de um afetará necessariamente toda a coletividade. É costume entre todas as denominações cristãs celebrar a Ceia do Senhor. No momento em que o pão é partido, todas as pessoas que tomam parte daquele ato simbólico declaram-se participantes do corpo de Cristo, como se dissessem umas às outras: "somos um".

Cada um de nós carrega um pedaço do corpo de Cristo, e, por isso, somos um só corpo. Se um de nós se fere, é o corpo que está ferido. Se eu fico doente de câncer, é o corpo que está com câncer. Um membro é o corpo e o corpo são os membros — e isso deveria gerar imenso temor em todos nós, pois o que alguém faz em casa, na sua vida secreta, achando que, pelo fato de ninguém da comunidade saber ou estar sendo objetivamente prejudicado, seria só problema dele. Na verdade, é um problema do todo que é o corpo de Cristo. Isso vale para tudo: aquele jeitinho malandro que burlou uma lei, aquele acesso a *sites* com conteúdo nocivo, o jeito ríspido de tratar subordinados, a conversa que denegriu a imagem de alguém — essas e outras práticas que parecem inofensivas se não forem descobertas são uma ferida no corpo da igreja que se trata por "nós".

UM MEMBRO É O CORPO E O CORPO SÃO OS MEMBROS.

Certa vez eu havia decidido ficar um período sem assistir à TV, mas, durante um almoço com o meu pai ele comentou comigo a respeito de uma das tantas notícias tristes que invadem a nossa casa diariamente. Ele me disse que um homem chegou em casa estressado e começou a brigar com a esposa, chegando ao ponto de agredi-la fisicamente até que ela desmaiasse. Ele estava tão transtornado que, ao ver a esposa desacordada, pegou o filho de seis anos no colo e sentou na sacada do apartamento, que ficava no décimo segundo andar. Os vizinhos contaram aos repórteres que ouviam os apelos do menino: "Pai, não pula! Não pula, pai, me leva para mamãe!". Depois de aproximadamente vinte minutos, aquele homem se jogou segurando o filho, e os dois morreram.

Eu jamais vou esquecer que estávamos em um restaurante e, quando meu pai terminou de contar essa tragédia, eu ouvi claramente a voz do Espírito me dizendo: "Douglas, todas as vezes que você cair, lembre-se que os seus estão no seu colo. Quando você estiver diante da tentação, ouça a voz deles lhe dizendo para não pular". Isso não vale só para a nossa família biológica. Também temos filhos espirituais, uma família que está no nosso colo e que será afetada por qualquer decisão amalucada que tomarmos.

"Você não mentiu aos homens, mas sim a Deus"

A igreja estava só começando. Muitos ali entendiam que o que possuíam pertencia a todo o grupo e, por isso, vendiam seus bens e entregavam o dinheiro para que fosse administrado pelos apóstolos. Ananias e Safira eram casados e, um dia, decidiram vender uma propriedade. Ficaram com uma parte do dinheiro e entregaram o restante aos apóstolos, mas disseram que o valor entregue correspondia ao total que receberam pela venda. Eles mentiram deliberadamente. Confrontados por Pedro, ambos sustentaram a mentira e ambos morreram no momento em que mentiram. (Você pode ler essa história completa em Atos 5:1-11).

É bem chocante imaginar que esse casal teve morte fulminante apenas por mentir diante da comunidade. Muitos usam essa passagem para pressionar os membros da igreja a fazerem doações financeiras, mas o que levou Ananias e Safira à morte não foi seu apego ao dinheiro ou mesmo o desejo oculto que eles tinham de cair nas graças dos líderes e da comunidade em geral. Na verdade, a atitude deles representava uma ameaça à unidade da igreja, que então estava começando a se formar. Essa história serve para nos alertar de que os nossos atos não estão ocultos aos olhos de Deus e que alguns deles podem representar um perigo para a igreja que verdadeiramente deseja ser "nós"!

Você nunca está sozinho

Na conhecida oração do Pai nosso, vemos que Jesus nos ensina a orar: "Pai, perdoa as *nossas* dívidas (ou as *nossas* ofensas, ou os *nossos* pecados)". E mais adiante: "Não *nos* deixe cair em tentação". De quem é então o pecado? É nosso! Observe que nessa oração ele não ensina a usar o pronome da primeira pessoa do singular. Não é *me* perdoa, não são as *minhas* ofensas. Aliás, não é Pai *meu*. Muito além da clássica oração que todos nós conhecemos, Jesus queria nos ensinar a dizer uns aos outros algo mais ou menos assim: "Cara, o seu é meu! O meu pecado é seu, porque nós somos um, porque a gente começa essa oração falando Pai *nosso*". Se o Pai é nosso, o pão é nosso e o reino vem para nós, então os pecados também são nossos.

SE O PAI É NOSSO, O PÃO É NOSSO E O REINO VEM PARA NÓS, ENTÃO OS PECADOS TAMBÉM SÃO NOSSOS.

Mas há uma verdade que o diabo não quer que os filhos da família de Deus saibam. Se tudo é nosso, significa que não precisamos passar por nenhuma situação difícil sozinhos. Minha esposa Val e eu já aconselhamos muitas pessoas que sofreram abusos. São homens e mulheres que carregam em segredo, às vezes por décadas, atos que os feriram. Alguém cometeu um crime contra essas pessoas, mas algo as convenceu de que aquilo era vergonhoso e que por isso não deviam contar para ninguém. Essa é uma estratégia bem suja do diabo, porque ele sabe que, uma vez que alguém se submete à família, essa pessoa é curada.

Numa igreja, todos os que ali se reúnem são pecadores. Ninguém está sozinho nessa condição. Cada pessoa tem propensão a pecar para uma área diferente, mas todos precisam lutar diariamente contra o pecado. Alguns são melhores em esconder suas inclinações para o mal, e outros são mais transparentes, mas todos são pecadores. Mesmo salvos por Cristo, a luta contra o pecado é uma constante na nossa vida.

Se você ora como Jesus ensinou: "Pai nosso, perdoa as nossas ofensas e não os deixes cair em tentação", isso significa que há mais pessoas sendo tentadas e mais pessoas ofendendo a Deus. Você não é o único a pecar, nem o único a ser tentado, e é por isso que você não deve se isolar, nem esconder o seu pecado.

A Bíblia afirma que, quando confessamos o nosso pecado a Deus e em segredo entramos no nosso quarto para dizer uma vez mais: "Pai, me perdoa porque eu errei de novo, na mesma área de sempre", Ele é generoso em nos conceder o perdão. Somos completamente perdoados, todas as vezes que nos arrependemos, por causa do sacrifício de Jesus na cruz do Calvário.

O apóstolo João garante, em uma de suas cartas, que temos o melhor dos advogados a interceder por nós quando pecamos:

> *Meus filhinhos, escrevo-lhes estas coisas para que vocês não pequem. Mas, se alguém pecar, temos Advogado junto ao Pai, Jesus Cristo, o Justo.* **1JOÃO 2:1, NAA**

Então, por maiores que sejam as nossas lutas contra o pecado, vez ou outra seremos derrotados, mas, mesmo para esses casos, a Bíblia nos assegura o perdão por meio de Cristo. Mas, como estamos tratando da vida em comunidade, há algo de que talvez muitos crentes ainda não tenham se dado conta. Quando confessamos nossos pecados a Deus, somos perdoados, mas quando confessamos nossos pecados uns aos outros, temos a oportunidade de sermos curados, e é disso que vamos falar no próximo capítulo.

"A confissão liberta"

"Eu, como muitos jovens dentro da igreja, sofri com a pornografia e a masturbação. Não era todo dia. Mas, sempre que acontecia, eu me sentia fraco e distante de Deus. Minha primeira reação era orar, pedir perdão e falar que não faria de novo. Conseguia me manter firme por dias, até que, de repente, lá estava eu cometendo os mesmos pecados. Certa vez, em um discipulado na igreja, consegui abrir o coração e falar sobre meu pecado. Para minha surpresa, ouvi que muitos passavam por isso, e que a forma de encontrar a cura era exatamente como eu estava fazendo: confessando e matando meu orgulho. Assim, depois de mais alguns discipulados, os episódios foram aos poucos diminuindo. Levou bastante tempo, mas um dia eu finalmente entendi que meu coração estava curado. Confessar não é fácil, mas é libertador."

Enviado por **ARTHUR MARQUES**

EXERCÍCIOS PROPOSTOS

1) Você tem o costume de se aconselhar com alguém da igreja quando percebe que as inclinações pecaminosas do seu coração estão assumindo proporções difíceis de controlar? Como isso é acolhido e tratado na comunidade? Caso sua resposta seja negativa, descreva os motivos que o levam a ficar calado.

2) Como você acha que o pecado de uma pessoa pode afetar a vida de toda uma comunidade na prática? Use o espaço para relacionar possíveis consequências de pecados ocultos.

3) Faça uma autoanálise e tente descobrir se alguma atitude que você não costuma dar importância tem potencial para afetar sua comunidade. Depois, procure alguém de sua confiança com que possa conversar e se aconselhar sobre o assunto. Descreve como foi essa experiência.

O PAI (QUE PERDOA)

TAMBÉM É NOSSO

Você precisa de alguém que lhe dê segurança,
Senão você dança, senão você dança
(HUMBERTO GESSINGER)

PODE PARECER INJUSTO que, por causa do pecado de Acã, mais de trinta pessoas tenham morrido e Israel tenha perdido uma batalha. Por que a escolha de um afeta todos? É justo que, só porque Eva resolveu conversar com uma serpente em vez de fugir dela, todos nós paguemos o pato?

Eu me lembro de uma vez em que saímos para jantar com meus pais e, na hora de voltar para casa, Luíza, minha filha mais velha, pediu para ir no carro dos avós. Não vimos problema nisso e ela foi com eles, enquanto nós colocamos o Davi, o caçula, na cadeirinha e seguimos no nosso carro para casa. Dois ou três minutos depois, o Davi sentiu falta da irmã e perguntou:

— Cadê a Luíza?

Eu, com todo o bom humor de um bom pai, respondi:

— Ah, filho. A gente deixou ela lá no restaurante. Ela anda desobedecendo muito, sabe? Então deixamos ela lá com os garçons...

Ele arregalou os olhos:

— Mas ela tá lá sozinha? — ele perguntou, arregalando os olhos.

— É, ela ficou lá sozinha, sim.

Como vi que ele parecia um pouco assustado com essa ideia, contei o que havia de fato acontecido:

— Não, eu tô brincando, filho. Ela foi no carro da vovó — eu disse, rindo da situação.

Imediatamente ele abriu o berreiro:

— Ah, ela foi no carro da vovó e eu não fui!

A conclusão dessa história é que o meu filho, tão pequeno, ficou mais chateado porque a irmã estava se divertindo e ele não do que com a possibilidade de ela ter sido abandonada por nós no restaurante. Ninguém ensinou isso para ele; ele não foi treinado para isso. Ele nasceu assim. Esse é o nosso coração!

Mas, de novo eu pergunto: isso é justo? Por causa da desobediência de Adão e Eva, numa época em que eu não tinha nem nascido, eu vou colher a morte decorrente do pecado? Eu não votei para isso, não foi escolha minha!

O apóstolo Paulo escreveu algo interessante a esse respeito:

> *Consequentemente, assim como uma só transgressão resultou na condenação de todos os homens, assim também um só ato de justiça resultou na justificação que traz vida a todos os homens.* **ROMANOS 5:18**

Quando aquele homem pecou lá no Éden, todos nós estávamos com ele (como se fôssemos espermatozoides nos testículos de Adão, por assim dizer). No instante em que Adão pecou, já carregava em si a semente de toda a humanidade. Então, quando ele caiu, todos nós caímos. De fato, isso não parece justo, mas quando vemos o que Paulo escreveu, tudo passa a fazer sentido. Se um pecou e todo mundo vai pagar por isso, a boa notícia é que um não pecou e todos podem herdar dele a salvação. Um foi justo e todos podem ser justificados por causa do sacrifício dele na cruz do calvário.

NO INSTANTE EM QUE ADÃO PECOU, JÁ CARREGAVA EM SI A SEMENTE DE TODA A HUMANIDADE. ENTÃO, QUANDO ELE CAIU, TODOS NÓS CAÍMOS.

Muitas pessoas se debatem com essas verdades e, mesmo conhecendo Jesus, lutam para fazer jus à salvação de alguma forma. A essas pessoas eu costumo perguntar: se você não precisou pecar para ser pecador, por que você acha que tem que fazer alguma coisa para ser santo? Ao derramar o seu sangue como justo, Jesus conquistou graciosamente para nós o perdão para o pecado latente em nós.

Davi e Natã

*"O Senhor perdoou o seu pecado.
Você não morrerá"*

Davi foi o mais importante rei de Israel. Embora seja chamado na Bíblia de "homem segundo o coração de Deus", Davi cometeu muitos pecados. Talvez um dos mais graves tenha sido adulterar com a mulher de um de seus generais mais fiéis. Como se isso não bastasse, depois que ela engravidou, ele deu um jeito de colocar o marido dela na frente de batalha para que fosse morto. O rei então se casou com a mulher e achou que poderia viver como se nada tivesse acontecido. Mas um dia Deus enviou até ele o profeta Natã e, depois de uma conversa séria entre os dois, Davi finalmente admitiu seu pecado e se arrependeu, obtendo então o perdão de Deus. (Você pode ler essa história completa em 2Samuel 11—12)

Esse relato mostra quanto é importante a vida em comunidade. Sem a exortação de Natã, Davi não perceberia a gravidade de seu pecado, nem reconheceria a necessidade de se arrepender e muito menos teria acesso ao perdão de Deus. A profundidade e a beleza dessa cena ficaram eternizadas em dois salmos escritos por Davi em decorrência da conversa com o amigo e profeta Natã. No salmo 32, ele reconhece que, enquanto mantinha seus pecados ocultos, ele adoecia por dentro (v. 3), e que confessar as transgressões foi fundamental para ter acesso ao perdão (v. 5). Já no salmo 51 ele fala abertamente da dor que experimentou por causa do pecado (v. 3) e do anseio por ter de volta a alegria da salvação (v. 12).

Submissão ao corpo traz cura

Esse mesmo Jesus, participante da Trindade eterna, que morreu e ressuscitou para que todos nós tivéssemos vida e fôssemos um nele, protagonizou uma das mais belas cenas do Novo Testamento, na minha opinião. Depois de ter passado três dias numa tumba, Jesus aparece aos discípulos. Eles estavam trancados em uma casa, com medo dos judeus, e Jesus entra naquele lugar sem precisar de porta ou janela, dizendo: "Paz seja com vocês!" (Jo 20:19). Depois de comprovar que era ele mesmo, os discípulos ficaram alegres e, então, Jesus, no meio da conversa, faz algo muito interessante:

> *Novamente Jesus disse: "Paz seja com vocês! Assim como o Pai me enviou, eu os envio". E com isso, soprou sobre eles e disse: "Recebam o Espírito Santo. Se perdoarem os pecados de alguém, estarão perdoados; se não os perdoarem, não estarão perdoados".* **JOÃO 20:21-23**

Nessa passagem, é como se Jesus estivesse repetindo a Criação, quando Deus soprou sobre o ser humano recém-criado o fôlego de vida, tornando-o alma vivente. Agora Jesus sopra o Espírito Santo sobre os discípulos, a quem também chamou para serem "nós", tornando esse novo corpo em espírito vivificante. Mas as palavras que ele diz em seguida acabam passando despercebidas para muita gente: "se perdoarem os pecados de alguém, estarão perdoados; se não os perdoarem, não estarão perdoados".

Poucos prestam atenção a esse texto, mas ele esconde um segredo muito importante: Deus deu autoridade à igreja para perdoar pecados. Se por um lado o pecado de um é o pecado de todos, a confissão pode gerar o perdão e a cura não apenas para o pecador, mas para toda a comunidade.

DEUS DEU AUTORIDADE À IGREJA PARA PERDOAR PECADOS.

Certa vez eu estava acompanhando um rapaz, dando orientações e conselhos para que ele se desenvolvesse em sua caminhada cristã. Um dia pedi que ele fizesse uma lista de todos os pecados que ele já havia cometido na vida e trouxesse para o próximo encontro. Então, no outro dia, ele veio com uma relação bastante completa, e eu pedi que ele lesse um por um de todos os pecados que ele lembrava, desde a infância e adolescência. Quando ele terminou eu falei:

— Cara, você entende que você está completamente perdoado? Você sabe que, no mundo espiritual, essa lista não existe mais, por causa do sangue de Jesus Cristo?

Muito emocionados, nós rasgamos, amassamos e jogamos no lixo aquela lista. Dessa forma, ele pôde ver fisicamente o que acontece no mundo espiritual quando confessamos os nossos pecados. Ele pôde ouvir de alguém a palavra de graça e de perdão de Deus. É por isso que a confissão traz a cura.

Lemos em Tiago 5:16: "Portanto, confessem os seus pecados uns aos outros e orem uns pelos outros para serem curados. A oração de um justo é poderosa e eficaz". Às vezes, você se arrepende de um pecado, pede perdão a Deus, que o concede graciosamente, mas logo você volta a cometer o mesmo erro. Mas quando você procura alguém em quem pode confiar para relatar a sua luta, quando você se submete ao corpo de Cristo, quando olha no olho de alguém e revela quem você é, então a cura se materializa em sua vida. Um irmão mais maduro tem autoridade para transmitir o perdão e auxiliar na cura.

Eu mesmo sou testemunha viva disso. Muitos anos atrás eu vivia escravizado pela pornografia. Tudo começou na adolescência, em uma das visitas que costumava fazer a uns tios, e, numa dessas vezes, um primo, aproveitando a ausência dos pais, colocou na TV um canal pornográfico e ficamos assistindo. Aquelas imagens penetraram meu cérebro. Eu era muito jovem e não devia ter visto aquilo, pois as cenas provocaram um terrível estrago na minha mente. Quando eu dei por mim, já era escravo daquilo. Foram anos de muita luta. Eu, filho de pastor, apaixonado por Jesus, carregava comigo essa culpa que me fazia orar, implorando perdão de Deus. Eu dizia: "Senhor, me perdoa, eu não quero mais isso", mas, pouco tempo depois, eu caía de novo. Nos acampamentos, eu me quebrantava, chorava e babava no chão: "Senhor, me perdoa, o Senhor é o que eu mais quero, me perdoa, me perdoa". Mas, logo lá estava eu, de volta ao vício.

Minha luta com esse pecado só chegou ao fim quando abri meu coração para algumas pessoas e me confessei escravo daquela situação. Eu abri meu coração para a minha esposa, abri meu coração para o meu pai, abri meu coração para alguns pastores e pessoas crentes de verdade. Eu disse a elas: "Esse é quem eu sou e é contra isso que estou lutando". Foi só a partir desse momento que comecei a vencer esse pecado. Eu me lembro de ter compartilhado essa luta com um amigo e ele me disse que essa também era a luta dele. Fizemos uma espécie de pacto e dissemos um ao outro: "Nós vamos lutar juntos e nós vamos vencer". E até hoje, quando ligamos um para o outro, eu digo: "Cara, estou há anos em vitória!". E ele comemora comigo e me diz: "Eu também estou há anos em vitória!".

Foi nessa ocasião que descobri que meu pecado maior não era a pornografia e sim o meu orgulho. Muitas vezes não queremos admitir os nossos pecados e relutamos em abrir o jogo com alguém porque desejamos preservar a imagem de santos. É relativamente fácil confessar a culpa e o pecado diante de Deus, mas confessar olhando nos olhos de alguém quebra o orgulho, e é justamente nesse orgulho que se encontra a raiz do pecado. Ao quebrar o orgulho, o pecado perde a força.

MUITAS VEZES NÃO QUEREMOS ADMITIR OS NOSSOS PECADOS E RELUTAMOS EM ABRIR O JOGO COM ALGUÉM PORQUE DESEJAMOS PRESERVAR A IMAGEM DE SANTOS.

Se desejamos ser curados, precisamos entender que o pecado é nosso, a tentação é nossa, e tudo precisa ser submetido ao corpo. É por isso que na oração do Pai-nosso Jesus ensinou a pedirmos perdão pela *nossa* dívida e para não deixar que *nós* caiamos em tentação. Ninguém precisa passar pelas lutas e dificuldades decorrentes das tentações e do pecado sozinho. Você precisa de alguém. Todos nós precisamos. Se o pecado é nosso, se a tentação é nossa, se a dívida é nossa, precisamos lembrar que o Pai também é nosso. Juntos, abençoados por ele, somos mais fortes e nos tornamos mais capazes de vencer as batalhas diárias contra o pecado.

"Minha vida mudou para melhor"

"Sempre tive problemas para desabafar e contar aos outros sobre a minha vida. Tinha receio de que, se assim o fizesse, seria tachado de louco. Até que um dia, conversando sem pretensões com uma irmã em Cristo, eu acabei soltando a frase `Desculpe-me, mas tenho problema com ansiedade'. Mesmo um pouco envergonhado, conversamos sobre isso e foi como tirar um fardo das minhas costas. Senti um grande alívio. Oramos juntos e combinamos de nos ajudar — não só em relação a isso, mas em tudo o que sentíamos dificuldade. Foi uma sensação incrível e, desde então, minha vida tem mudado para melhor. Tenho me sentido livre."

Enviado por **MIGUEL ALVES**

Somos intercessores da nação, da comunidade, da família

Olhar para a história de Daniel nos faz entender um pouco melhor esse caráter coletivo do pecado e também da restauração. Daniel é um dos poucos homens da Bíblia de quem não é relatado nenhum pecado. Ele estava entre os que foram levados cativos para a Babilônia, depois que o povo de Israel abandonou a Deus e, como punição, teve de deixar a terra prometida em que habitava e foi levado para o exílio como escravo naquele grande império da época.

Daniel era extremamente fiel a Deus. Numa ocasião ele chegou a ser lançado em uma cova cheia leões simplesmente porque se recusou a deixar de orar ao Senhor três vezes por dia. Deus o livrou de modo milagroso fechando a boca dos leões, uma história que certamente você conhece. Daniel veio a ser uma das pessoas mais influentes e confiáveis do império babilônico. Embora todo ser humano seja pecador por natureza, e Daniel não era diferente, não há na Bíblia nenhuma referência a qualquer ato pecaminoso que ele tenha cometido. Pois bem, certo dia, ao ler as Escrituras, Daniel encontrou no livro do profeta Jeremias a profecia que tratava justamente daquele período de exílio. Lá ele descobriu que, por causa da rebeldia de Israel, o povo permaneceria cativo na Babilônia por setenta anos. Fazendo as contas, Daniel percebeu que esse tempo já havia se cumprido. Imediatamente, Daniel começa a intervir pelo povo diante de Deus. Esse homem íntegro e justo, que não negociava por nada os princípios divinos, se volta para o Senhor e faz uma oração de arrependimento, "em jejum, em pano de saco e coberto de cinza" (Dn 9:3). Veja o que ele diz:

> *Orei ao Senhor, ao meu Deus, e confessei: "Ó Senhor, Deus grande e temível, que mantém a sua aliança de amor com todos aqueles que o amam e obedecem aos seus mandamentos, nós temos pecado e somos culpados. Temos sido ímpios e rebeldes e nos afastamos dos teus mandamentos e das tuas leis. Não demos ouvido aos teus servos, os profetas, que falaram em teu nome aos nossos reis, aos nossos líderes e aos nossos antepassados e a todo o povo desta terra. Senhor, tu és justo, e hoje estamos envergonhados. Sim, nós, o povo de Judá, de Jerusalém e de todo o Israel, tanto os que estão perto como os que estão distantes, em todas as terras pelas quais nos espalhaste por causa de nossa infidelidade para contigo. Ó Senhor, nós e nossos reis, nossos líderes e nossos antepassados estamos envergonhados por termos pecado contra ti".*
> **DANIEL 9:4-8**

Quando observamos essa atitude de Daniel, somos capazes de compreender que tanto o pecado quanto o arrependimento têm consequências coletivas. Em outras palavras, nós somos chamados por Deus para sermos intercessores em favor da nossa família, em favor da nossa comunidade e em favor da nossa nação.

Provavelmente você nunca roubou ou praticou qualquer ato de corrupção, mas saiba que seu desafio é, em suas orações, confessar e pedir perdão, dizendo: "Pai, nos perdoe porque nós somos corruptos. Pai, nos perdoe porque estamos derramando sangue inocente nessa nação. Senhor, perdão porque não cuidamos da terra e incendiamos as florestas. Perdão, Senhor". Em vez de orarmos dizendo "Pai, perdoa aquele primo que faz coisas terríveis", deveríamos clamar: "Pai, perdoe os Gonçalves, perdoa os Maias, perdoa (insira aqui o seu sobrenome). Perdoe a nossa família, porque nós pecamos contra o Senhor, nós o abandonamos, blasfemamos contra o seu nome, fizemos isso e fizemos aquilo..." O arrependimento é coletivo. E quando você toma essa iniciativa e se arrepende, quem é que colhe os frutos desse arrependimento? A família que está junto com você; a nação, a comunidade.

"PAI, NOS PERDOE PORQUE NÓS SOMOS CORRUPTOS. PAI, NOS PERDOE PORQUE ESTAMOS DERRAMANDO SANGUE INOCENTE NESSA NAÇÃO."

Todos nós temos um chamado à intercessão. Somos colocados nessa brecha, nesse local de oração, sabendo que ninguém entra na presença de Deus sozinho. Quando nos colocamos diante dele, carregamos conosco a nossa família, a nossa comunidade, a nossa nação. Lembra-se do Pai *nosso*? Talvez você se pergunte: "Isso acontece mesmo quando estou orando sozinho, no meu quarto?". E a resposta é sim, mesmo nessas ocasiões. Caim havia cometido o primeiro assassinato da Bíblia, tirando a vida de seu irmão mais novo, Abel. Quando Deus encontrou-se com Caim, sua pergunta foi: "Onde está o teu irmão?" É como se Deus dissesse: "Caim, ninguém entra na minha presença sozinho. Cadê o teu irmão?".

Pouco antes de ensinar a oração do Pai-nosso, Jesus instrui os ouvintes: "Portanto, se você estiver apresentando sua oferta diante do altar e ali se lembrar de que seu irmão tem algo contra você, deixe sua oferta ali, diante do altar, e vá primeiro reconciliar-se com seu irmão; depois volte e apresente sua oferta" (Mt 5:23,24). Isso significa que nem na hora de ofertar você está ofertando sozinho! Ao ofertar, você leva também toda a sua família, toda a sua comunidade e toda a nação diante do altar de Deus. Nós somos uma família! É *nós* — nunca se esqueça!

Sua oração, seu jejum, sua devoção, sua obediência, tudo afeta essa família. Por exemplo, agora você está lendo este livro e está sendo alimentado individualmente pela leitura, mas toda a sua família e toda a sua comunidade vão se beneficiar disso. Porque esse é o plano de Deus que nos criou para sermos *nós*, para estarmos tão plenamente envolvidos uns com os outros, que jamais estivéssemos sós — nem quando pecamos, nem quando entramos na presença dele.

Jesus pagou o preço para que possamos ser um com ele. Sem o sacrifício dele na cruz jamais poderíamos ser uma comunidade que se chama "nós", que age como "nós" em qualquer situação. O pecado nos alcançou de forma irremediável no Éden, mas o perdão também foi derramado sobre nós de forma graciosa no Calvário.

Somos chamados pela Trindade eterna a viver como ela, em plena união, e a desfrutar de todos os benefícios que essa unidade pode trazer. Deus quer que vivamos como um corpo bem ajustado e esse é o assunto do nosso próximo capítulo.

EXERCÍCIOS PROPOSTOS

1) Alguma vez você já passou pela experiência de confessar um pecado a um irmão ou irmã da igreja? Use o espaço abaixo para descrever como se sentiu:

_____

_____

_____

_____

_____

_____

_____

2) Na sua comunidade, como você percebe a dinâmica desejada por Deus de que todos sejam um, de modo que seus membros estejam conscientes de que qualquer ato, positivo ou negativo, exerce impacto sobre os demais?

3) Reserve um tempo em sua agenda para orar em favor do país, em favor da sua comunidade e da sua família. Procure incluir-se em seus pedidos por misericórdia e perdão, como se você fosse participante de cada ato praticado por essas instituições ou indivíduos. Faça isso por alguns dias ou semanas e depois procure registrar o que sentiu enquanto orava dessa maneira.

UNIDADE É UMA COISA,

UNIFORMIDADE É OUTRA

Somos corpo, e assim bem ajustado
Totalmente ligado, unido, vivendo em amor
Uma família sem qualquer falsidade
Vivendo a verdade, expressando a glória do Senhor
Uma família, vivendo o compromisso do
grande amor de Cristo
(DANIEL SOUZA)

VIMOS ATÉ AQUI que, de acordo com as Escrituras, nós não fomos feitos para o isolamento. Fomos criados à imagem do Deus, que é uma família, e que, por isso, nos chama a viver como ele. A Trindade, formada por Deus Pai, Deus Filho e Deus Espírito Santo, ao decidir criar um ser à sua semelhança, conjuga o verbo na primeira pessoa do plural: "Façamos"! Com isso, entendemos que esse ser criador deseja que sua criação seja em tudo como ele mesmo. Em outras palavras, Deus nos fez para vivermos em comunidade e para dizermos "nós", o tempo todo.

Está na essência do ser humano o anseio pelo viver comunitário. Quando, por exemplo, você visita uma igreja ou qualquer lugar onde é bem recepcionado, é normal que o seu coração se alegre. O mais profundo desejo de cada um de nós é estar conectado a uma família. O viver solitário é uma completa aberração aos olhos de Deus.

Mas o que vemos hoje, com uma frequência cada vez maior e mais assustadora, são pessoas se isolando em seus problemas e se afastando do convívio com os outros. Embora a tecnologia da informação e as redes sociais tenham facilitado muito a conexão entre as pessoas, parece que o tiro saiu pela culatra, pois cada vez mais as pessoas vivem só, buscando muitas vezes voluntariamente o isolamento.

O MAIS PROFUNDO DESEJO DE CADA UM DE NÓS É ESTAR CONECTADO A UMA FAMÍLIA. O VIVER SOLITÁRIO É UMA COMPLETA ABERRAÇÃO AOS OLHOS DE DEUS.

Não espanta que a sociedade esteja doente. Não fomos feitos para a solidão. Fomos feitos para a união, para a confraternização, para a vida compartilhada com os semelhantes. Se uma pessoa vive só pensando em si e no próprio bem-estar, provavelmente, mais cedo ou mais tarde, ela adoecerá. Pegue um passarinho e o coloque debaixo d'água ou pegue um peixe e o coloque na terra — tanto um quanto o outro vão morrer, pois estão fora do ambiente que lhes é natural. O mesmo acontece se pegarmos um indivíduo e o colocarmos no isolamento.

Deus declarou a respeito do ser humano: "Não é bom que o homem esteja só". Lembrando que, como vimos no primeiro capítulo, essa declaração não se aplica apenas ao casamento, mas significa que todos precisamos de amigos, de uma família, de uma comunidade, de modo que todos possamos dizer "nós".

O paralítico e seus quatro amigos

"Nunca vimos nada igual!"

Jesus estava em sua casa em Cafarnaum e o povo, sabendo disso, se dirigiu para lá a fim de ouvi-lo. Nem é preciso dizer que o lugar estava lotado, com gente "saindo pelo ladrão". Um homem paralítico foi levado por quatro amigos àquele lugar em busca de cura. Como a multidão impedia a passagem, os quatro homens abriram uma passagem no teto da casa e baixaram a maca em que estava o amigo deficiente, colocando-o diante de Jesus. Reconhecendo a fé que eles demonstraram ter, Jesus perdoou e curou aquele homem, deixando todo o povo assombrado com tamanha manifestação de poder. (Você pode ler essa história completa em Marcos 2:1-12)

O paralítico de Cafarnaum jamais conseguiria chegar sozinho à presença de Jesus. Com ele e seus amigos, aprendemos a importância de não estarmos sós e de agirmos uns em favor dos outros com uma motivação comum. Eles depositavam a mesma fé em Jesus e, juntos, buscaram a cura do amigo, sem medir esforços para isso. Quando um grupo de irmãos, movidos por fé, com a consciência de serem parte de um mesmo corpo, o resultado é sempre surpreendente para os que estão de fora. A convicção e a atitude desses homens tornaram possível o encontro de Jesus com o paralítico e, com a realização daquele milagre, o nome de Deus foi glorificado pela multidão ali presente, que nunca tinha visto nada igual.

Um corpo, muitos membros

Quero mostrar a você uma figura que o apóstolo Paulo usa para tratar desse assunto e mostrar a inaptidão do ser humano para a vida solitária. Veja o que ele escreveu em 1Coríntios 12:14-22:

O corpo não é composto de um só membro, mas de muitos. Se o pé disser: "Porque não sou mão, não pertenço ao corpo", nem por isso deixa de fazer parte do corpo. E se o ouvido disser: "Porque não sou olho, não pertenço ao corpo", nem por isso deixa de fazer parte do corpo. Se todo o corpo fosse olho, onde estaria a audição? Se todo o corpo fosse ouvido, onde estaria o olfato? De fato, Deus dispôs cada um dos membros no corpo, segundo a sua vontade. Se todos fossem um só membro, onde estaria o corpo? Assim, há muitos membros, mas um só corpo. O olho não pode dizer à mão: "Não preciso de você!". Nem a cabeça pode dizer aos pés: "Não preciso de vocês!". Pelo contrário, os membros do corpo que parecem mais fracos são indispensáveis.

Paulo explica, de modo muito didático, usando o corpo humano como metáfora, o que significa viver em unidade, em comunhão plena, como acontece na Trindade eterna. Logo de cara podemos descartar o que *não é* viver em unidade. Muitas pessoas, quando ouvem o termo unidade, podem pensar em igualdade ou uniformidade. Mas isso é um equívoco que pode ser completamente corrigido com base nesse texto da Escritura.

Sim, é verdade que "Deus não trata as pessoas com parcialidade" (At 10:34). Quando olha para nós, Ele vê filhos, igualmente amados e aceitos na família dele por meio do sangue de Cristo no Calvário. O próprio Paulo, ao escrever aos cristãos da Galácia, afirmou: "Todos vocês são filhos de Deus mediante a fé em Cristo Jesus, pois os que em Cristo foram batizados, de Cristo se revestiram. Não há judeu nem grego, escravo nem livre, homem nem mulher; pois todos são um em Cristo Jesus" (Gl 2:26-28). Para Deus, não importa de que etnia você descenda, ou o cargo que você ocupe na empresa em que trabalha. Você é filho dele, assim como eu ou aquele irmão que senta ao seu lado no culto de domingo.

No entanto, o fato de que todos nós que entregamos a vida a Cristo desfrutamos do mesmo *status* de filhos não significa que tenhamos de ser uniformes. Não precisamos — nem devemos — ser uns iguais aos outros, usar as mesmas roupas, falar da mesma maneira, andar do mesmo jeito. Até porque o Deus que nos criou é infinito e para ele não há limites ou definições que o restrinjam.

Deus fez cada um de seus filhos à sua imagem e semelhança e, ao mesmo tempo, não existe um ser humano igual ao outro. Você e eu somos chamados a exercer o papel individual que ele deu a cada um a fim de anunciar o seu reino e edificar o seu corpo. Nunca foi ideia de Deus matar a subjetividade de ninguém. Que sentido haveria em criá-lo de determinada maneira, com inclinações específicas, para depois exigir que você fosse igual a essa ou aquela pessoa?

NUNCA FOI IDEIA DE DEUS MATAR A SUBJETIVIDADE DE NINGUÉM.

unidade é uma coisa, uniformidade é outra | 109

Paulo escreveu essa carta aos coríntios porque aquela igreja estava vivendo uma espécie de divisão. Havia um grupo que se identificava com Apolo, que era um mestre da oratória e, por ser um judeu natural de Alexandria, onde se concentrava o saber acadêmico da época, ele tinha um profundo conhecimento do Antigo Testamento. Alguns estudos indicam que ele pode ter sido um dos setenta discípulos enviados por Jesus, conforme o relato de Lucas 10. Enfim, Apolo exercia grande influência na igreja primitiva e algumas pessoas começaram a formar "times", dizendo "eu sou de Apolo", enquanto outras diziam "eu sou de Paulo". Se Apolo era um pregador eloquente, Paulo tinha outra pegada. Veja o que ele escreveu nessa mesma carta: "Minha mensagem e minha pregação não consistiram de palavras persuasivas de sabedoria, mas consistiram de demonstração do poder do Espírito" (1Co 2:4).

Além desses dois "times", havia ainda o grupo que seguia Pedro, que era um dos apóstolos mais próximos de Cristo e que era um homem prático, mais dado à ação. Resumindo, Apolo falava bonito e atraía muitos ao evangelho; Paulo falava difícil, preocupado que estava em instruir a igreja; e Pedro, com sua liderança natural, fazia as coisas acontecerem. Porém, essas características diferentes de cada um desses homens de Deus estavam levando as pessoas a caírem na pior das armadilhas do diabo: a divisão na igreja. Cada "time" defendia "as cores" do seu líder, sem perceber que com isso a unidade da igreja estava ameaçada.

Paulo trata então de corrigir essa distorção mostrando que não havia necessidade de todo mundo ser de Apolo ou de Paulo ou de Pedro. Na verdade, a diferença que existia entre eles era fundamental para edificar a igreja. E Paulo usa o corpo humano para exemplificar o que está tentando dizer. Em outras palavras, é como se ele dissesse: "Nós somos um corpo, e no corpo há muitos membros e cada membro tem uma função diferente. Cada um tem uma característica, e é isso que faz com que o corpo, agindo sob o comando do cérebro, possa exercer suas múltiplas habilidades".

Se o corpo só tivesse pés e não tivesse nenhuma mão, ele seria capaz apenas de andar e ficar de pé, mas não poderia segurar nada. Se houvesse apenas olhos, o corpo enxergaria muito bem, mas jamais ouviria os sons ou sentiria cheiros. As orelhas e o nariz são tão necessários quanto os olhos. O corpo é formado por diversos membros e cada um deles tem importância distinta. Não é possível abrir mão de nenhuma dessas partes. Deus nos fez diferentes uns dos outros e isso é uma realidade da qual não se pode fugir.

Isso significa que eu preciso ser quem Deus me criou para ser. E, obviamente, isso vale para você também. Foi ele que fez com que você gostasse daquilo que você gosta (claro que aí não está incluído o que é pecado). Suas inclinações são uma pista para o que Deus deseja de você no que diz respeito à edificação do reino dele. Ele me fez como eu sou e fez de você quem você é porque nós dois temos funções específicas no corpo. Nossos dons e nossas habilidades podem ser diferentes entre si, mas, não importa quais sejam, devem ser usados no serviço a Deus.

EU PRECISO SER QUEM DEUS ME CRIOU PARA SER. E, OBVIAMENTE, ISSO VALE PARA VOCÊ TAMBÉM.

Para algumas pessoas as diferenças podem representar um problema. No próximo capítulo, vamos aprofundar um pouco mais sobre a importância de Deus ter feito cada um de nós com uma personalidade diferente, com um jeito de ser e de pensar diferente. Mas, por enquanto, quero insistir na tese defendida pelo apóstolo Paulo de que fazer parte de uma unidade não implica adotar uniformidade de gestos, gostos, modos de vestir e falar e assim por diante.

ACONTECEU COMIGO

"Cada um ajudou com sua habilidade em prol de um bem comum"

"Eu e minha esposa somos líderes do Ministério de Famílias na nossa igreja. Em maio, comemoramos o mês da família, com várias atividades. A programação dos eventos e o levantamento de recursos acontecem de janeiro a abril. Nesse período, contamos com a colaboração de vários irmãos, cada qual com suas particularidades, dons e talentos. Assim, criamos um grupo de casais para cuidar da cantina. Eles montaram o cardápio, com alguns alimentos prontos e outros que eles mesmos cozinharam. Alguns tinham habilidade para fazer pastel, outros macarrão, outros salgados — sem contar aqueles que ficaram no caixa vendendo as fichas. Havia vários outros grupos: o da decoração da igreja, o do teatro e das músicas para os cultos, e ainda o que organizou um almoço de confraternização. Ou seja, todos com o mesmo objetivo, porém dispondo de habilidades diferentes, em prol de um bem comum. Foi uma benção, com certeza."

Enviado por **RENATO SIMÕES**

Todos agem com um mesmo objetivo

Na verdade, a diferença que existe entre cada membro do corpo é que faz dele um organismo saudável e funcional. A diferença não é um problema, e sim a solução para a maior parte dos problemas que surgem na vida de uma comunidade. Porque o trabalho é sempre de cooperação mútua. Todos agem visando o mesmo fim e um complementa o outro nas limitações individuais. O segredo está em sermos um com Cristo, seguirmos a direção dele e agirmos conforme ele determina.

Pouco antes da crucificação, Jesus orou ao Pai por seus discípulos e, entre outras coisas, ele pediu o seguinte:

> *Minha oração não é apenas por eles. Rogo também por aqueles que crerão em mim, por meio da mensagem deles, para que todos sejam um, Pai, como tu estás em mim e eu em ti. Que eles também estejam em nós, para que o mundo creia que tu me enviaste. Dei-lhes a glória que me deste, para que eles sejam um, assim como nós somos um: eu neles e tu em mim. Que eles sejam levados à plena unidade, para que o mundo saiba que tu me enviaste, e os amaste como igualmente me amaste.*
> **JOÃO 17:20-23**

Quando olhamos para a Trindade, vemos uma pessoa que tem um corpo; uma pessoa que se entristece e tem ciúmes; e uma pessoa cujos pensamentos são mais altos do que os nossos. Há diversidade na Trindade e, ainda assim, as três pessoas formam uma unidade perfeita e plena.

Precisamos nos deixar levar, com nossas diferenças e tudo mais, pelo objetivo de fazer a vontade de Deus se cumprir, onde quer que estejamos. Não precisamos ser iguais para isso. É importante que cada um, com seus dons e talentos, não apenas faça a sua parte, mas reconheça que no outro está também expressa a vontade de Deus.

Andar em plena unidade, como orou o Senhor, significa usar os próprios dons e também reconhecer a importância dos dons dos outros, a fim de mostrar Cristo ao mundo. Apenas quando a igreja age como um só homem é que o mundo consegue perceber que Jesus foi o enviado do Pai. Não temos o direito de dizer, como Paulo frisa no texto, que não precisamos uns dos outros, pois isso seria arrogância. O olho não pode dizer à mão que não precisa dela, assim como a cabeça não pode dizer aos pés que não precisa deles.

APENAS QUANDO A IGREJA AGE COMO UM SÓ HOMEM É QUE O MUNDO CONSEGUE PERCEBER QUE JESUS FOI O ENVIADO DO PAI.

Mas será que andar em unidade, mesmo com quem é diferente de nós, significa dizer a qualquer um que apareça na nossa frente: "Aê, somos uma família! É *nóis*!?". E a resposta é não. A mão, o pé, o olho, o coração, os pulmões e todos os membros e órgãos do corpo só cumprem bem a sua função quando estão sujeitos ao comando do cérebro. Assim, se um corpo é formado por diferentes membros, com diferentes funções, só podemos garantir que esse corpo funciona bem se todos esses membros exercerem suas diferentes funções em harmonia.

Logo depois de usar o corpo humano para explicar a importância da unidade na igreja, Paulo continua: "Ora, vocês são o corpo de Cristo, e cada um de vocês, individualmente, é membro desse corpo" (1Co 12:27). Então, mais do que sermos um corpo, nós somos o corpo *de Cristo*. Escrevendo aos efésios, o apóstolo ensina:

Antes, seguindo a verdade em amor, cresçamos em tudo naquele que é a cabeça, Cristo. Dele todo o corpo, ajustado e unido pelo auxílio de todas as

> *juntas, cresce e edifica-se a si mesmo em amor, na medida em que cada parte realiza a sua função.*
> **EFÉSIOS 4:15,16**

Nossa unidade como membros da família de Cristo depende de nossa submissão à vontade do Pai. Além de não precisarmos ser iguais uns aos outros, também é importante que todos caminhemos na mesma direção e tenhamos o mesmo objetivo. No capítulo 7 veremos o que significa andar como um homem só, mas, talvez, a essa altura, você esteja se perguntando se faz parte do corpo de Cristo, e eu quero lhe adiantar que é muito fácil descobrir. Você tem ouvido Jesus? Ou você acorda e faz o que quer fazer? Você toma decisões depois de orar e aconselhar-se com algum irmão de fé ou decide com base nas feridas da sua alma? Você vive de acordo com o que a cabeça, que é Cristo, tem para você?

Um corpo bem ajustado, representado por uma igreja local, tem o potencial de revolucionar uma cidade, mas para isso é preciso que cada um de seus membros tenha consciência de sua importância e de seu papel no corpo. A unidade que Deus requer de nós vai muito além de frequentar o culto aos domingos e depois partir para uma semana vivida inteiramente na individualidade.

Comunidade requer envolvimento mútuo, mas muitas vezes isso esbarra nas diferenças entre os membros. Mas se unidade não é uniformidade, o que fazer com o sentimento muito comum, que assola muitos de nós, de que "o jeito que Deus me fez é o jeito certo de ser"? É sobre isso que vamos aprender um pouco no próximo capítulo.

EXERCÍCIOS PROPOSTOS

1) Faça uma autoavaliação e enumere algumas características positivas e negativas que você possui e que o diferenciam de modo especial das demais pessoas. Registre também a forma que você procura usar essas características para a glória de Deus.

_____

_____

_____

_____

_____

_____

_____

_____

_____

_____

_____

_____

_____

_____

_____

_____

2) Você conhece alguém em sua comunidade que vive querendo imitar alguém a ponto de formar partidos e causar divisão na igreja? Como você acha que os pontos levantados nesse capítulo podem ajudar a resolver essa situação?

3) Procure lembrar-se de alguém do seu convívio, de preferência da sua igreja, que tenha um temperamento bem diferente do seu e faça uma lista dos pontos positivos e negativos que você enxerga nessa pessoa. Depois compare essa lista com a que você fez das suas próprias características. À luz do que você leu neste capítulo, que conclusões podem ser tiradas acerca das semelhanças e diferenças entre você e essa pessoa?

E SE TODOS FOSSEM

IGUAIS A VOCÊ?

Eu preciso de você,
Você precisa de mim.
Nós precisamos de Cristo
Até o fim.
(CORINHO INFANTIL)

CERTA VEZ meu pai me procurou dizendo que havia feito a inscrição em um curso de *coach*, mas que não teria tempo de frequentar as aulas e me perguntou se eu não queria ir no lugar dele. Como era de graça, eu aceitei! Quando cheguei lá, havia mais ou menos uns vinte alunos, e todos eles eram profissionais bem-sucedidos, executivos de grandes empresas e tudo mais. Eu era o que tinha a profissão, digamos, mais simples. O tempo todo eu ficava perguntando a mim mesmo: "O que eu estou fazendo no meio desses caras?". Na primeira aula, todos tiveram de se apresentar e, entre CEOs de multinacionais e presidentes e conselheiros de grandes grupos financeiros, eu, que trabalhava com meu pai na época, disse que trabalhava numa casa de recuperação de casamentos. O interessante é que, na hora do almoço, muitos vieram me procurar, pois estavam se separando...

Logo no início do curso os professores explicaram que uma das regras básicas do *coach* é nunca dizer, ou mesmo sugerir, o que a outra pessoa deve fazer. É ela que tem de tomar decisões e o *coach* pode auxiliar apenas fazendo perguntas, se for o caso, para ajudá-la a enxergar as coisas com mais clareza, mas nunca deve dar sugestões. Todos anotaram essa lição e, numa das aulas, o professor mandou que fizéssemos um exercício prático. Sentamos em duplas e um tinha de perguntar ao outro a respeito das metas de vida de cada um. Quando terminou o exercício, toda a turma estava frustrada, pois ninguém conseguiu deixar de dar palpite. Todo mundo tinha frases do tipo: "Sabe o que você deveria fazer? Isso, isso e isso..."; ou "Não, não, não faz isso, não. Olha só, por que você faz aquilo outro?"

Como todos nós tivemos a mesma dificuldade, perguntamos: "Professor, por que é tão difícil não dar sugestão?". A resposta foi: "Na verdade, nós somos extremamente arrogantes. A gente sempre acha que a ideia da nossa cabeça é melhor que a ideia da cabeça do outro". Sabe qual é o problema? Nós sempre achamos que temos a solução para a vida de todo mundo (menos pra vida de uma pessoa: nós mesmos). Quando conversamos, na maioria das vezes, não estamos de fato abertos ao diálogo. Estamos simplesmente esperando o outro acabar de falar para expor o nosso pensamento. Muitas vezes nem ouvimos o que outro está dizendo. Apenas aguardamos a nossa vez de narrar a nossa própria história ou apenas apresentar o nosso ponto de vista ou, ainda, contar a nossa piada, que é sempre a mais legal de todas. O problema não está em sermos diferentes uns dos outros, mas sim em sermos arrogantes e nos julgarmos superiores aos demais. O problema está em acharmos que tudo tem de ser feito do nosso jeito e de acordo com as nossas ideias.

"NA VERDADE, NÓS SOMOS EXTREMAMENTE ARROGANTES. A GENTE SEMPRE ACHA QUE A IDEIA DA NOSSA CABEÇA É MELHOR QUE A IDEIA DA CABEÇA DO OUTRO".

Como disse o apóstolo Paulo, "os membros do corpo que parecem mais fracos são indispensáveis" (1Co 12:22). O maior erro que podemos cometer ao viver em comunidade é desprezar o valor do outro e superestimar o próprio valor. Deus fez cada um de nós de um jeito diferente e havia um propósito para que isso fosse assim. Por que insistimos tantas vezes que só nós estamos certos e que o nosso jeito de ser é o único aceitável?

Na verdade, é necessário que sejamos diferentes. Como vimos no capítulo anterior, não adiantaria um corpo ter um monte de pés e não ter nenhuma mão, ou ser totalmente formados por olhos e não possuir nenhum nariz. Cada membro da igreja é diferente um do outro, com características únicas e individuais, mas quando eles estão juntos, unidos como um só corpo, é que o poder de Deus pode operar por meio de cada um. Lembremos que "Deus dispôs cada um dos membros no corpo, *segundo a sua vontade*" (1Co 12:18). Ou seja, Deus fez cada um de nós como ele quis, e por isso é tão importante que haja empenho de nossa parte em sermos o que ele desejou que fôssemos quando nos criou.

Marta e Maria

"Senhor, [...] dize-lhe que me ajude!"

Marta, Maria e Lázaro eram irmãos e viviam em Betânia. Os três desenvolveram uma amizade muito especial com Jesus e, numa das vezes que Ele passava pelo povoado, foi convidado por Marta para ir a casa deles. Marta se encarregou dos preparativos para receber o hóspede ilustre, enquanto Maria fazia sala para Jesus, sentada a seus pés, ouvindo seus ensinamentos. Marta, muito atarefada, dirigiu-se ao Mestre: "Senhor, não te importas que minha irmã tenha me deixado sozinha com o serviço? Dize-lhe que me ajude!". Jesus, porém, apenas advertiu Marta por causa da ansiedade que ela demonstrava e não interferiu na atitude de Maria. (Você pode ler essa história completa em Lucas 10:38-42)

A Bíblia afirma muitas vezes a hospitalidade e o serviço ao próximo como características altamente positivas e desejáveis. Marta era uma mulher hospitaleira, que demonstrava seu amor por Jesus ao servi-lo e preparar o melhor para oferecer-lhe. Porém, a certa altura, durante essa visita, começou a incomodá-la o fato de sua irmã não agir como ela. Esse incômodo chegou a tal ponto que, de forma até arrogante, ela questionou Jesus quanto à atitude de Maria. Naquele momento, era como se ela dissesse: "Olha, a Maria tinha que ser como eu. Cuidar do serviço da casa e da comida para receber bem os nossos hóspedes. Eu estou certa e ela, errada. O Senhor não vai fazer nada, Jesus?!". A resposta de Jesus, no entanto, serve para mostrar que, às vezes, o excesso de zelo, mesmo quanto a algo bom e importante, pode se tornar um defeito, a ponto de nos sobrecarregar. As virtudes que possuímos, por melhores que sejam, não devem nos tornar arrogantes ou julgadores. Tudo que temos e somos deve servir para glorificar a Deus e isso vale para os nossos irmãos em Cristo também. Cada um dá o que tem!

Os vários tipos de personalidade

Há algum tempo fui apresentado a um modelo de análise da personalidade chamado eneagrama. Segundo esse modelo, os seres humanos se enquadram em um entre nove tipos diferentes de personalidade. Para quem quiser se aprofundar no assunto, recomendo o livro *Uma jornada de autodescoberta*, de Ian Morgan Cron e Suzanne Stabile (Mundo Cristão, 2018). Cada capítulo descreve um tipo de personalidade, e é impressionante como as descrições ali apresentadas conferem com o jeito de ser de cada um. Nós decidimos estudá-lo em nosso escritório e foi muito produtivo para cada membro da equipe. Pudemos nos conhecer melhor, entender melhor uns aos outros.

O eneagrama divide os nove tipos de personalidades em três grandes grupos: o primeiro é o grupo do coração, o segundo é o grupo da cabeça e o terceiro é o grupo da ação. Cada pessoa, dependendo do grupo em que se enquadre, reage à vida de forma diferente. Assim, o grupo da ação interpreta a vida e suas circunstâncias de modo visceral; o grupo do coração, de modo emocional; e o grupo da cabeça, de modo racional. Diante de um acontecimento, as pessoas, dependendo do grupo em que se encontram, fazem uma pergunta diferente a si mesmas. O grupo visceral se debate com a pergunta: "O que eu tenho que fazer?"; o grupo emocional quer saber: "Como isso me afeta?"; já o grupo racional procura identificar: "O que isso significa?".

Os grupos	Grupo da ação	Grupo da cabeça	Grupo do coração
Reação	Reação visceral	Reação racional	Reação emocional
Pergunta diante dos acontecimentos	O que eu tenho que fazer?	O que isso significa?	Como isso me afeta?

Vejamos um exemplo, para que isso fique mais claro. Vamos imaginar uma família que acabou de perder um de seus membros. Vamos supor que seja a avó. Seguramente, há nessa família três tipos de pessoas. As pessoas do grupo da ação, assim que recebem a notícia do falecimento, correm para providenciar o enterro, para definir horário e local, cuidam de avisar os demais familiares, escolhem e decidem com que roupa a avó vai ser enterrada. Essas pessoas, muitas vezes, nem chegam a chorar na hora, de tão empenhadas que ficam em fazer alguma coisa diante da situação. Essas pessoas são viscerais e interpretam a realidade a partir da ação.

Já as pessoas do grupo do coração, antes de desligarem o telefone ao receberem a notícia, já estão chorando. Correm para o álbum para ver as fotos da avó, ficam imaginando a falta que ela vai fazer, lembram-se do último almoço em família, lamentam-se por não terem ido ao hospital dar o último abraço e choram copiosamente junto ao caixão. Essas pessoas são emocionais e interpretam a realidade a partir do coração.

Enquanto isso, as pessoas do grupo da cabeça começam a refletir na brevidade da vida. Começam a pensar em como explicar para as crianças. Preocupam-se se haverá briga entre os irmãos na hora de fazer o inventário. Esse tipo de pessoa é aquela que vive dizendo: "Sabe o que eu estava pensando?". Essas pessoas são racionais e interpretam a realidade a partir da mente.

Diante desses três tipos de pessoas e suas diferentes reações, minha pergunta é: "Quem está certo?". É óbvio que todas essas são reações não apenas aceitáveis, como acertadas. Alguém precisa cuidar dos preparativos imediatos, alguém precisa chorar a perda e alguém precisa pensar nas decorrências do acontecimento. Então, por que achamos que só nós estamos certos? As pessoas que são da ação olham para quem chora e dizem: "Para de chorar, para de bobeira. Chorar não adianta nada". As pessoas que choram olham para quem é da ação e dizem: "Você é insensível, você nem amava a vó. Você nem está chorando, só pensa em fazer as coisas". As pessoas da cabeça, por sua vez, criticam quem chora e também quem age... Por que nós achamos que todo mundo tem de ser igual a nós mesmos?

POR QUE ACHAMOS QUE SÓ NÓS ESTAMOS CERTOS?

Precisamos decidir se a diferença que temos entre nós é um problema ou se ela é a solução para a nossa vida. Para termos uma visão completa da realidade, precisamos uns dos outros. Precisamos de quem é emocional, precisamos de quem é racional e precisamos de quem é visceral! Se a própria Trindade funciona dessa forma, por que insistimos em querer que o nosso cônjuge seja igual a nós? Por que, como pais, muitas vezes insistimos que nossos filhos sejam cópias perfeitas de nós? Precisamos entender de uma vez por todas que as pessoas diferentes de nós completam quem nós somos, porque elas têm o que nos falta. Assim, o problema não é sermos diferentes, e sim, arrogantes. Lembremos, mais uma vez o que diz Paulo:

> *O olho não pode dizer à mão: "Não preciso de você!". Nem a cabeça pode dizer aos pés: "Não preciso de vocês!".* **1CORÍNTIOS 12:21**

Em geral, as pessoas criativas não são muito organizadas e, por outro lado, as pessoas muito organizadas não costumam ser muito criativas. O criativo olha para o organizado e diz: "Não precisamos de você". Já o organizado olha para o criativo e seu quarto bagunçado e diz: "Não precisamos de você". E isso está completamente equivocado, porque precisamos uns dos outros para que tenhamos uma revelação de quem é Deus. Nós somos o corpo de Cristo e cada um tem uma função dentro desse corpo. No entanto, sozinhos não temos qualquer valor. A minha força está em submeter a minha personalidade ao corpo, e isso vale para você e para qualquer um que faça parte da igreja do Senhor.

PRECISAMOS UNS DOS OUTROS PARA QUE TENHAMOS A REVELAÇÃO DE QUEM É DEUS.

Voltando ao eneagrama, o modelo traz os seguintes tipos de personalidade:

1. Perfeccionista
2. Prestativo
3. Bem-sucedido
4. Individualista
5. Observador
6. Questionador
7. Sonhador

8. Confrontador
9. Pacifista

Quando fiz o teste, descobri que me enquadro no nono tipo, que é o pacifista. Como o próprio nome indica, as pessoas dotadas desse tipo de personalidade possuem uma atitude mediadora, mais voltada para o bem comum. No meu caso, por exemplo, quando chego em casa aos domingos à noite, em geral, estou acabado. E isso não acontece só por causa da energia consumida na pregação. Quando desço do púlpito, quero falar com todo mundo, quero estar presente e dar atenção a todos e, obviamente, isso é impossível, por que somos muitos, mas tento ser atencioso com o máximo de pessoas possível. Para mim, desagradar alguém é algo terrível, e isso é tão intenso que por vezes tento fugir de estar nessa situação.

O estudo do eneagrama mostra que, para cada personalidade, há uma característica negativa principal ou um pecado associado. E o pecado do nono tipo é a preguiça. O pacifista, de modo geral, tem preguiça de conversas difíceis, não gosta de se indispor com ninguém e, muitas vezes, assume uma atitude de "tanto faz", apenas para evitar o confronto. Esse "defeito" pode fazer com que os pacifistas se mostrem apáticos e indecisos em muitas ocasiões. Então, quando alguém me manda mensagem dizendo que precisa conversar, eu já sou tomado por um certo desânimo... Quando recebo vídeos que retratam crimes ou atos violentos, como o massacre da escola tal, nem abro. Por que eu vou abrir um vídeo com uma cena ruim? Eu quero paz, eu quero alegria! Prefiro que me mandem uma piada!

Sua virtude pode ser o seu maior defeito
(Alerta aos casais)

Bem, como eu tenho preguiça desses sentimentos ruins, desenvolvi uma técnica chamada mansidão. Então, quem não me conhece a fundo, pode olhar para mim e pensar: "Olha, como o Douglas é manso, como ele é crente! Esse sim se parece com Jesus". Na verdade, eu só sou manso porque morro de preguiça de ter de brigar com alguém! Mas a mansidão não é uma virtude? Claro que sim, mas, dependendo da situação, ela pode tornar-se um grande defeito.

Aos que são casados, costumo dizer que o motivo pelo qual você se casou com uma pessoa provavelmente vai ser o motivo pelo qual você vai desejar se separar dela. Vou usar como exemplo o meu próprio caso com a minha querida esposa Val.

No começo do nosso namoro fomos a um restaurante. Chegando lá, fizemos o pedido, mas quando o garçom veio com os pratos, o meu estava errado. Como a palavra que eu mais amo na minha vida é paz, minha atitude foi dizer ao rapaz que nos servia:

— Não tem problema, pode deixar que eu como esse mesmo.

E o garçom insistiu em se desculpar:

— Senhor, perdoa-me...

— Nem precisa se desculpar, não. Eu gosto desse aqui também. Vou comer sem problemas.

Sentada na minha frente, a Val, apaixonada, suspira e pensa: "Ó meu Deus, vim jantar com o próprio Jesus... Meu outro namorado brigava com todo mundo. Se fosse ele aqui, já teria batido no garçom e ia querer ir embora sem pagar a conta. O Douglas, não. Que humildade, que coisa mais linda..."

Passam-se dez anos, nós dois casados e, outra vez, num outro restaurante, o garçom traz errado o pedido que fizemos. E o pacifista Douglas faz o quê?

— Não, seu garçom. Fique em paz. Pode deixar que a gente come esse mesmo.

Do outro lado da mesa, a Val está fuzilando. "Eu me casei com um banana! Nem para brigar pelos nossos interesses ele serve! Vou ter que comer isso aqui só porque ele não quer discutir!"

Episódios como esse mostram com exatidão o que quero dizer quando afirmo que aquilo que fez com que você se sentisse atraído ou atraída pelo seu cônjuge pode ser o motivo que vai fazer com que você pense em se separar. Isso acontece com a mulher que gostava de se sentir desejada pelo marido nos primeiros anos do casamento e que, depois de um tempo, passa a reclamar que ele "só pensa naquilo"...

Um dos motivos que me levaram a me casar com a Val é que, desde sempre, ela é uma pessoa muito decidida. Quando começamos a namorar ela só tinha 17 anos, mas sabia muito bem onde queria chegar, que faculdade queria fazer e tudo mais. E isso me encantava, porque todas as outras meninas da idade dela, na minha opinião, eram bobinhas. Nós nos casamos e, passados dez anos, ela continua convicta e não abre mão de suas opiniões de jeito nenhum.

Seria uma tolice de minha parte se eu desejasse que, só porque nos casamos, ela deixasse de ser essa pessoa convicta e decidida e passasse a abaixar a cabeça para tudo que os outros falam. Mas, em muitos casos, os casais cometem esse tipo de erro. Então, não custa repetir, fique atento, pois o motivo pelo qual você se casou pode ser o motivo pelo qual você vai querer se separar. Os casais, de modo específico, e as pessoas, de maneira geral, só conseguem evitar esse tipo de problema quando compreendem que somos diferentes uns dos outros e, por isso, mesmo precisamos uns dos outros.

O MOTIVO PELO QUAL VOCÊ SE CASOU PODE SER O MOTIVO PELO QUAL VOCÊ VAI QUERER SE SEPARAR.

Se eu viver isolado, a mansidão para mim não é uma virtude e sim o meu maior defeito. Eu preciso de alguém que me puxe e me diga: "Não, cara, você tem que falar, você tem que brigar pelas coisas que você acredita". Por outro lado, a pessoa que está acostumada a se estressar por qualquer motivo precisa de alguém como eu que lhe diga: "Calma, não é preciso processar todo mundo toda hora. Vamos dar um tempo para os advogados".

"Eu cedi, ele também, e nosso casamento voltou a ter harmonia"

"Quando eu comecei a namorar com o meu marido, ele me avisou que costumava trabalhar bastante e gostava muito do que fazia. Eu achei lindo estar ao lado de um homem tão esforçado. Só que, depois que casamos, a ausência dele começou a pesar. Passamos a brigar bastante por causa disso. Eu pedia mais presença, e ele entendia que eu não tinha direito de reclamar porque ele havia me avisado sobre isso. Um dia, nós dois nos demos conta do quanto isso estava afetando nossa relação. Só que nenhum queria ceder. Então, decidimos conversar com o pastor da nossa igreja. Ele nos fez ver quais os motivos que nos levaram a nos unir e que nossa relação era muito mais do que nossas brigas. Desde então, chegamos a um acordo. Meu marido cedeu um pouco, eu também. Nosso casamento está novamente em harmonia."

Enviado por **CRISTINA MACIEL**

É preciso valorizar o outro

Quando o marido, ao ouvir uma opinião de sua esposa sobre a empresa, os negócios ou mesmo sobre os assuntos domésticos, decide ignorá-la, é como se ele estivesse lhe dizendo que ela não tem qualquer valor: "Sua criatividade, sua inteligência, sua opinião, nada disso me interessa!". Muitas vezes ela teve de ouvir isso pela vida afora e ouvir isso de novo de alguém que jurou amá-la pode ser uma das experiências mais dolorosas e frustrantes. Precisamos ser quem fomos criados para ser, mas precisamos aprender a valorizar o outro pelo que ele é.

Não faz muito tempo, o mundo assistiu estarrecido pela TV a um incêndio que consumiu um dos mais importantes monumentos da França, a Catedral de Notre--Dame, em Paris. A construção que teve início em 1163 era visitada anualmente por turistas do mundo todo. Era um verdadeiro orgulho para o povo francês. Tanto que, depois da tragédia, nem bem as chamas tinham sido apagadas, empresários de todo mundo doaram verdadeiras fortunas para a reconstrução daquela catedral. Assim, quanto vale aquele prédio? Bilhões. Mas, Deus, quando olhou para a terra a fim de decidir onde iria habitar, não escolheu Notre-Dame. Ele escolheu a pessoa que se senta ao seu lado no culto da sua comunidade aos domingos. Ele escolheu a pessoa que abre a porta de sua casa para receber os grupos de comunhão durante a semana. Tanto uma, como a outra, valem mais do que aquela catedral.

Muitas vezes não valorizamos a pessoa que está ao nosso lado porque somos incapazes de enxergar aquilo que está no coração dela e que foi colocado lá pelo próprio Deus. Tudo que ele quer é nos emprestar os olhos dele, para que vejamos o outro como ele vê e passemos a dar a cada um o valor que ele deu ao enviar seu próprio filho para morrer, a fim de resgatar cada um. O sangue de Jesus foi derramado pelo seu filho, pelo seu cônjuge, pela pessoa que frequenta a mesma comunidade que você e que, às vezes, você não sabe nem como ela se chama.

É uma bênção, para mim, ter uma mulher como a Val ao meu lado. Porque Deus deu para ela coisas que não deu para mim. Demorei para perceber isso e, muitas vezes, achei que ela tinha algum problema, algum defeito de fabricação. E ela pensava da mesma forma a meu respeito. Até que um dia entendemos a maravilha que Deus havia feito ao nos unir. Eu não vejo muitas coisas, mas ela me ajuda e com isso estamos sempre buscando melhorar não apenas o nosso casamento, mas também a nossa comunidade e o local onde estamos.

As nossas diferenças existentes entre os vários membros do corpo nos fortalecem. No próximo capítulo, veremos que andar como um corpo, andar como um homem só, implica valorizar o outro. Juntos, somos poderosos e ninguém pode nos parar. Não foi à toa que Jesus disse que as portas do inferno não prevaleceriam contra sua igreja.

Tudo o que as pessoas mais querem e tudo o que elas mais precisam é de um lugar em que se sintam em uma família, onde sua subjetividade não vai ser sufocada e elas sintam que possam ser verdadeiramente quem são. Que isso nos inspire a cada dia.

EXERCÍCIOS PROPOSTOS

1) Por que você acha que Deus criou tantos tipos de personalidade diferentes e fez cada pessoa com uma combinação única de qualidades e defeitos?

2) Com que frequência, durante uma conversa, você interrompe o outro para dar sua opinião ou algum conselho que nem foi pedido? Por que você acha que isso acontece? O que você sente quando alguém age assim com você?

3) Identifique em sua comunidade alguém que, com frequência, o deixe irritado por causa de certas atitudes. Tente descrever essas características e entender o real motivo de o incomodarem tanto. Essas atitudes são realmente um defeito de caráter ou são apenas características de personalidade diferentes da sua? Use o espaço abaixo para registrar suas observações.

AN-
DANDO
COMO

UM SÓ HOMEM

Chega uma hora em que ouvimos um certo chamado,
Quando o mundo deve se unir como um.
Há pessoas morrendo, e é tempo de
estender a mão para a vida
O maior presente de todos

Não podemos continuar fingindo todos os dias
Que alguém, em algum lugar,
em breve fará uma mudança
Todos nós somos parte da grande e
maravilhosa família de Deus
E a verdade, você sabe,
é que o amor é tudo de que precisamos

[...]

Vamos perceber que uma mudança só pode acontecer
Quando ficamos juntos, como um
(MICHAEL JACKSON, NA MÚSICA
WE ARE THE WORLD, EM TRADUÇÃO LIVRE)

DEPOIS DE TERMOS entendido que Deus, por ser uma comunidade, criou seres eminentemente comunitários, projetados para usarem sempre a primeira pessoal do plural — nós — em qualquer circunstância, vimos que, por causa do pecado, os seres humanos se separaram de Deus e, com isso, adquiriram projetos personalistas de poder, em que o "nós" foi substituído pelo "eu". Deus, porém, não desistiu de sua criação, assim como o ser humano jamais conseguiu apagar as marcas da imagem de seu Criador, que permanecem gravadas no íntimo de cada pessoa que já pisou este planeta. Deus, então, enviou seu filho para resgatar a humanidade e preencher o vazio existencial que faz o homem sentir-se sempre incompleto.

Ao morrer na cruz para pagar o preço pelo pecado humano, Jesus tratava de resgatar a ideia original de que os filhos de Deus vivessem unidos como uma grande família, da qual ele é o irmão mais velho; ou ajustados como um corpo, do qual ele é a cabeça; ou ainda firmes como um edifício, do qual ele é a pedra angular. É nesse contexto que aprendemos e podemos colocar em prática o que vimos nos dois últimos dois capítulos: somos chamados a viver em unidade, porém respeitando as diferenças que há entre nós, ou, melhor ainda, tirando proveito dessas diferenças, com a finalidade última da vida de cada cristão: glorificar a Deus e edificar o seu reino na terra.

Não faz muito tempo ganhei de presente o livro *Cartas à igreja*, do pregador e plantador de igrejas norte-americano Francis Chan (Mundo Cristão, 2019). Nele o autor nos convida a um exercício de imaginação muito interessante. Ele pede que o leitor suponha que alguém tenha caído numa ilha e que lá tivesse à disposição apenas um livro: a Bíblia. Como se jamais tivesse ouvido falar em igreja, esse leitor deve começar a formar uma ideia do que seja essa instituição apenas com base no que leu naquele livro. Primeiro o Antigo Testamento, como toda a história de Israel e dos profetas, depois o Novo Testamento, com os feitos de Jesus nos evangelhos — entre eles a inauguração da igreja —, a efetivação e início da igreja em Atos, as instruções aos primeiros cristãos registradas nas epístolas endereçadas às igrejas, até o julgamento e redenção final prometidos no Apocalipse. Depois de resgatado da ilha, o leitor, que com a leitura da Bíblia, em especial do Novo Testamento, formou uma ideia concreta do que seria a igreja, deve imaginar-se visitando uma e comparando a ideia formada apenas pela leitura bíblica com a realidade que tem diante de seus olhos. Será que, como cristãos, estamos conseguindo reproduzir modelos verdadeiramente bíblicos de igreja?

SERÁ QUE, COMO CRISTÃOS, ESTAMOS CONSEGUINDO REPRODUZIR MODELOS VERDADEIRAMENTE BÍBLICOS DE IGREJA?

146 | sou**nós** |

O apóstolo Paulo, dentre seus muitos textos dirigidos às várias igrejas de sua época, escreveu a carta aos Efésios, em que usa três ilustrações para definir esse mistério que é a igreja. Vejamos o que ele diz:

> *Mas agora, em Cristo Jesus, vocês, que antes estavam longe, foram aproximados mediante o sangue de Cristo. Pois ele é a nossa paz, o qual de ambos fez um e destruiu a barreira, o muro de inimizade, anulando em seu corpo a lei dos mandamentos expressa em ordenanças. O objetivo dele era criar em si mesmo, dos dois, um novo homem, fazendo a paz, e reconciliar com Deus os dois em um corpo, por meio da cruz, pela qual ele destruiu a inimizade. Ele veio e anunciou paz a vocês que estavam longe e paz aos que estavam perto, pois por meio dele tanto nós como vocês temos acesso ao Pai, por um só Espírito. Portanto, vocês já não são estrangeiros nem forasteiros, mas concidadãos dos santos e membros da família de Deus, edificados sobre o fundamento dos apóstolos e dos profetas, tendo Jesus Cristo como pedra angular, no qual todo o edifício é ajustado e cresce para tornar-se um santuário santo no Senhor. Nele vocês também estão sendo juntamente edificados, para se tornarem morada de Deus por seu Espírito.* **EFÉSIOS 2:13-22**

No início dessa passagem Paulo está se referindo aos dois povos que existiam com base na lei: havia os judeus, o povo escolhido por Deus para mandar a lei ao mundo, que viviam e obedeciam essa lei; e havia os gentios, que não estavam debaixo da lei. Paulo explica aos efésios que, em Cristo, isso havia sido abolido e tanto gentios como judeus foram transformados em uma nova humanidade. Por causa do sacrifício de Jesus, havia agora um novo tipo de pessoa: aquelas que nasceram de novo em Cristo.

Um corpo para o Filho

É referindo-se à união entre gentios e judeus alcançada por Cristo que Paulo usa a primeira ilustração para definir a igreja nessa passagem: "e reconciliar com Deus os dois em *um corpo*" (v. 16). A igreja então é um corpo e a ideia de que somos o Corpo de Cristo é bem conhecida entre os cristãos. Aqui mesmo neste livro já trabalhamos com a ideia, também proposta por Paulo na primeira carta que escreveu aos coríntios, de que somos membros de um só corpo (cap. 5 e 6).

Nós, como igreja, somos um corpo para Jesus, e isso significa que, mesmo com todas as diferenças que naturalmente existem entre nós, agimos em obediência a um só comando: o de Cristo, o cabeça, o líder que nos governa e faz de nós seres produtivos, alinhados com os valores do reino. Agora, nós trabalhamos juntos, apesar dos vários contextos de que somos originários. No contexto de Efésios, Paulo fala dos contextos judeu e gentio. Hoje, temos pessoas que vêm de contextos ateus, pagãos, liberais, cristãos, espíritas e assim por diante. Mas, em Cristo, essas barreiras desaparecem.

Igreja não é sobre sermos todos iguais. Ela não existe para matar a sua subjetividade. Ao contrário, na igreja, somos chamados a nos completar mutuamente, num encaixe sucessivo de várias subjetividades, a fim de fazermos o que Deus quer de nós. É um erro imaginar que, ao entrar numa igreja, você tem de morrer para aquilo que Deus o chamou para ser. É claro que o limite é o pecado. Nem sempre o que você quer é o que você é. Ao descobrir quem você é em Deus, você começa a compreender que vários dos seus desejos são pecaminosos. Quanto mais você se santifica, mais se torna quem Deus desejou que você fosse.

Na visão bíblica de corpo, precisamos aprender a caminhar juntos numa mesma missão, como um só homem. O "eu" tem de ser substituído pelo "nós". Com isso, nossas divergências desaparecem, porque, ao invés de buscarmos os desejos individuais, aquilo que nos fazia por vezes até brigar, agora passamos a buscar a vontade daquele que nos comanda, Cristo, o cabeça! A igreja encontra conciliação na vontade soberana de Deus. Quando a subjetividade e os dons de cada um estão submetidos àquilo que Deus quer, somos capazes de realizar grandes coisas.

Muitas pessoas chegam para seus pastores e líderes dizendo que fariam isso ou aquilo de forma diferente. "Eu acho que deveria ser assim", diz um, enquanto o outro afirma: "Eu acho que deveria ser assado". Mas a igreja não é sobre a opinião individual de ninguém. A história muda de figura quando, num conselho de irmãos, alguém abre a Bíblia e diz: "Aqui está escrito que devemos fazer desse ou daquele jeito". As Escrituras revelam a vontade de Deus para nós e são o guia seguro das comunidades saudáveis.

No entanto, cada membro do corpo foi preparado de modo diferente para executar a vontade de Deus. Por exemplo, quando vou pregar, todo o meu corpo trabalha para executar as ordens da minha mente. Desde o meu dedinho do pé, que ajuda no meu equilíbrio para que eu me mantenha em pé, passando pelos nervos óticos, que trabalham para que eu enxergue as pessoas que estão me ouvindo, até as cordas vocais, que produzem a entonação adequada à mensagem, tudo em mim está focado e sendo usado naquilo que é a instrução da minha cabeça, isto é, pregar a Palavra de Deus durante o culto.

Em nossa comunidade, costumamos bater na tecla de que não existe "crente de banco"! Tentamos ao máximo eliminar a mentalidade de "crente usuário", que chega, senta, ouve a mensagem, pega o carro e volta pra casa a cada domingo, como se tivesse batido o cartão na empresa, marcando presença. Isso não é ser igreja, não é ser corpo! Entendemos que o corpo tem uma missão que só pode ser exercida quando cada um junta seus dons, talentos e habilidades e se dispõe a servir, junto com os demais membros.

NÃO EXISTE "CRENTE DE BANCO"!

Uma pessoa que tenha um membro disfuncional, por exemplo, um braço paralisado, tem menos qualidade de vida do que uma pessoa que tem um braço amputado. Uma pessoa que tenha uma perna amputada vive melhor do que quem precisa arrastar uma perna que não obedece aos estímulos do cérebro. Os membros disfuncionais de um corpo são um peso morto para ser carregado, pois necessitam da mesma energia, sangue e nutrientes que o membro funcional, mas não são capazes de exercer a função que lhes cabe originalmente. Da mesma forma acontece com a igreja que precisa carregar membros que não se dispõem a fazer nada pelo corpo de Cristo. Essas pessoas só se beneficiam daquilo que a igreja tem a oferecer, mas não contribuem com a parte delas.

Eu gostaria muito que você, que está lendo este livro agora, entendesse algo muito importante: você é insubstituível. Você é uma pessoa especial e única a quem Deus deu uma função. Se você está ligado a uma igreja local, entenda que esse lugar é o corpo de Cristo. O Filho tem um corpo, do qual você faz parte e com toda certeza há algo nele que está destinado a você, para que você realize e faça acontecer.

Uma família para o Pai

Paulo traz ainda outra figura com a qual representa o que significa ser igreja. Na passagem que estamos estudando, ele escreveu: "Portanto, vocês já não são estrangeiros nem forasteiros, mas concidadãos dos santos e membros da *família de Deus*" (v. 19). Então, podemos afirmar que, se o Filho quer um corpo, o Pai quer uma família. O conceito de família traz à mente o fato de que somos herdeiros de Deus com Cristo e de que temos agora o DNA de Deus. Pedro escreveu: "... ele nos deu as suas grandiosas e preciosas promessas, para que por elas vocês se tornassem participantes da natureza divina e fugissem da corrupção que há no mundo" (2Pe 1:4). Por causa da natureza divina que passou a habitar em nós, quando nos tornamos membros de sua família ao nos encontrarmos com Cristo na cruz, agora somos capazes de viver uma santa como o nosso Pai é santo. O DNA de Deus está em nós, que nascemos de novo.

Igreja é, então, uma família. Em outras palavras, igreja não é um lugar para frequentar, mas uma família para pertencer. No decorrer do tempo, algumas palavras que costumamos usar na igreja acabam ficando desgastadas ou perdem o sentido, como é o caso do termo "irmão". É muito comum nos referirmos uns aos outros como irmãos. Irmão Fulano, Irmã Sicrana. Mas, nem sempre nos damos conta do profundo significado disso. Chamamos uns aos outros de irmãos porque fomos recebidos na mesma família. Somos irmãos de verdade. Se eu e você chamamos a Deus de Pai, significa que somos irmãos e fazemos parte da mesma família. E isso faz toda diferença no relacionamento que desenvolvemos uns com os outros.

IGREJA NÃO É UM LUGAR PARA FREQUENTAR, MAS UMA FAMÍLIA PARA PERTENCER.

Paulo não esgota o significado de igreja quando a compara com um corpo e recorre, então, à imagem de uma família para complementar o que está querendo dizer. Porque sermos um corpo para o Filho é algo que está relacionado à nossa missão, mas a igreja não existe apenas para cumprir uma missão. O foco do cristianismo também está nos relacionamentos. Isso quer dizer que não nos reunimos apenas para discutir o que temos a fazer para cumprir a missão, mas que nos reunimos também porque nos amamos, porque fazemos parte da mesma família.

Creio que é muito difícil existir alguém que não saiba o nome dos irmãos com quem conviveu desde a infância. É engraçado imaginar alguém que diga algo como: "Mãe, sabe aquela minha irmã que dormia na cama debaixo do beliche?" ou "Pai, sabe aquele meu irmão loiro?". Em geral, conhecemos bem aqueles com quem temos laços sanguíneos, mas, nem sempre isso é uma realidade nas igrejas. É claro que em comunidades muito grandes, às vezes com centenas e até milhares de membros, isso se torna um pouco mais difícil. Por isso muitas igrejas se reúnem em pequenos grupos durante a semana, justamente para desenvolver esses laços de afeto familiar.

Se somos uma família, é natural que haja entre nós o desejo de nos envolver na vida uns dos outros, de permitir que outros se interessem por nós na mesma medida que nos interessamos pelo outro. Numa casa, é normal um irmão entrar no quarto do outro, emprestar o tênis um do outro, comer a comida que o outro havia guardado na geladeira... Irmãos misturam a vida.

SE SOMOS UMA FAMÍLIA, É NATURAL QUE HAJA ENTRE NÓS O DESEJO DE NOS ENVOLVER NA VIDA UNS DOS OUTROS.

Eu tenho um irmão chamado Pedro, que é mais novo que eu. Imaginando que eu ainda morasse na casa dos meus pais, ficamos sabendo que o Pedro saiu da faculdade e não voltou para casa. Ficamos esperando, meia-noite, uma da manhã e nada de notícia do Pedro. Então, começamos a ligar, vamos atrás, vamos sair de carro, vamos imprimir cartazes, vamos chamar a polícia, e ninguém vai dormir enquanto o Pedro não chegar. Na igreja, porém, nossa atitude muitas vezes é bem diferente quando um irmão não aparece.

— O irmão Fulano não veio — diz alguém.

— Ah, não veio? Puxa, que pena! Põe então outra pessoa pra cantar aí — responde o líder.

Quantas pessoas somem do convívio da igreja e não recebem nem sequer uma ligação dos outros membros que diziam considerá-las como irmãs? O simples cuidado de enviar uma mensagem, perguntando o que aconteceu, fala da nossa relação de família. Eu tenho também uma irmã mais velha chamada Letícia. Se, por acaso, eu ficasse sabendo que minha irmã está passando necessidade, qual seria minha atitude? Vou para minha casa, como minha comida e deixo a Letícia sem ter o que comer? Se ela estiver com frio, se tiver sido despejada? O que eu faço? Vou pra minha casa, me enfio debaixo dos cobertores e durmo tranquilo? Não! É minha irmã!

Outro dia eu queria gravar um vídeo para o pessoal que está desviado da igreja, que não está mais com Jesus, e, a fim de pesquisar um pouco melhor sobre o assunto, coloquei nas minhas redes sociais a seguinte pergunta: "Qual é a principal desculpa que as pessoas dão para não voltarem para Jesus?". Todas as respostas diziam mais ou menos o seguinte: "As pessoas não voltam porque estão machucadas com a igreja". Isso porque eu fiz questão de nem usar o termo igreja na minha pergunta!

Minha principal conclusão é que, na verdade, muitas dessas pessoas nunca experimentaram o que é de fato uma igreja. Porque igreja é família, literalmente! A Bíblia diz que, com a conversão a Cristo, nos tornamos nova humanidade e com ela adquirimos uma nova família. Se você tem irmãos ou irmãs, certamente já brigou com eles. Mas será que essas brigas têm o potencial para fazer com que você ou seu irmão deixem de usar o mesmo sobrenome? Se uma pessoa entra numa igreja em que se sente acolhida e participante de uma filha, dificilmente ela vai querer sair. Por maiores que sejam as irritações ou problemas, basta saber que um irmão ou irmã está precisando de algo, ela será a primeira a chegar.

Igreja é um chamado para ser família, só que famílias têm problemas, mas problemas a gente resolve. Precisamos desenvolver entre nós esse senso de laço indissolúvel que existe dentro de uma família. Amamos os irmãos, os pais, os tios, primos e sobrinhos pelo que eles são, do jeito que eles são. Nossas reuniões, às vezes, podem produzir algum ruído de comunicação, mas, no fim, tudo é superado pela alegria imensa de sermos filhos do mesmo Pai e herdeiros com Cristo da vida eterna!

"Depois de uma conversa, a igreja acolheu meu filho"

"Meu filho tem microcefalia e tetraplegia. É totalmente dependente de cuidados. Algumas pessoas acham que ele é incapaz de interagir, o que não é verdade. Mas, ainda assim, não conversam com ele, não dão atenção. Na igreja, o levávamos para a classe infantil, mas percebemos que ele ficava isolado. Eram poucos os que procuravam estabelecer contato — e quase sempre as mesmas pessoas. Por isso, começamos a desistir de levá-lo, apesar de algumas crianças terem a sensibilidade de se aproximar. Então, conversamos com a responsável pelo departamento infantil que, sabiamente, solicitou uma reunião com os professores. Eu tive a chance de relatar a eles o que acontecia e conversar mais sobre o meu filho. A partir daí, a situação mudou. Começaram a perceber as necessidades dele de socialização, integração, aceitação e amor. Passaram a conversar com ele, olhá-lo nos olhos e ter atitudes acolhedoras. Foi uma grande mudança, que nos trouxe bastante conforto."

Enviado por **MARTA CRISTINA NOGUEIRA**

Uma morada para o Espírito

Além de nos apresentar a igreja usando as figuras do corpo e da família, Paulo traz ainda outra imagem. Continuando o que disse sobre sermos família de Deus, o apóstolo escreve, como igreja, somos "edificados sobre o fundamento dos apóstolos e dos profetas, tendo Jesus Cristo como pedra angular, no qual todo o edifício é ajustado e cresce para tornar-se um santuário santo no Senhor. Nele, vocês também estão sendo juntamente edificados, para se tornarem *morada de Deus por seu Espírito*. (v. 20-22)

O templo que Salomão construiu no Antigo Testamento (1Re 6) era um símbolo do que viria a se concretizar na igreja. Paulo diz que cada pessoa é uma pedra viva de um templo construído para que a glória de Deus se manifeste. No Novo Testamento, não se entendia a igreja como um lugar para onde as pessoas se dirigiam a fim de cultuar a Deus. Não fazia sentido dizer "Vamos à igreja". Porque igreja era um ajuntamento de pessoas, era uma família, um corpo. Não se convidava ninguém para ir à igreja, mas o convite era: "Quer fazer parte desse edifício com a gente?".

As pessoas que encontrei — e encontro, tanto pessoalmente quanto nas redes sociais — que foram machucadas nas igrejas são pessoas que nunca experimentaram o que é ser igreja. Elas foram a uma instituição chamada igreja, e, sem dúvida, isso pode machucar, pois instituições são feitas e lideradas por homens pecadores. Quando alguém é igreja torna-se edifício de Deus, morada do Espírito. Muitas pessoas vão aos cultos de domingo em busca de uma manifestação espiritual, mas o Espírito vem quando o edifício está ajustado.

Como já dissemos, esse é o motivo pelo qual o diabo tenta a todo custo nos separar. Quando estamos juntos o Espírito se derrama sobre nós. Jesus afirmou: "Pois onde se reunirem dois ou três em meu nome, ali eu estou no meio deles" (Mt 18:20). Uma casa, uma morada se forma quando nos reunimos. É normal que todo cristão deseje uma experiência profunda com o Espírito Santo, mas precisamos entender que isso é algo reservado "a nós" e não "a mim".

É NORMAL QUE TODO CRISTÃO DESEJE UMA EXPERIÊNCIA PROFUNDA COM O ESPÍRITO SANTO, MAS PRECISAMOS ENTENDER QUE ISSO É ALGO RESERVADO "A NÓS" E NÃO "A MIM".

Há um processo que consiste em construir a casa de Deus. Primeiro precisamos achar as pedras, o que acontece em geral por meio do evangelismo. Quando eu evangelizo, trago uma pedra, mas essa pedra vem deformada, cheia de pontas. Chegando à comunidade, ela precisa ser trabalhada, para tornar-se parecida com Jesus Cristo, a pedra angular. Esse é o momento do discipulado, da pregação da palavra, em que as arestas são aparadas. Esse é um processo bem doloroso. Muitos desistem, porque é ferro afiando ferro... Deus começa a trabalhar nessa pedra, de modo que ela ofereça um encaixe perfeito, mas, na prática, isso significa passar por alguma humilhação, ter expectativas frustradas, superar intransigências e coisas do tipo. Mas é só quando ele remove todas as "reentrâncias" do caráter de alguém é que essa pessoa passa a se parecer com Cristo e consegue compor o edifício que é a *morada de Deus por seu Espírito*. Se você é do tipo que diz que não consegue ficar perto de alguém, por um motivo ou por outro, isso significa que ainda há pontas em você que precisam ser aparadas. Se você se irrita com alguém gratuitamente, significa que algo em você precisa morrer — porque morto não se irrita com nada!

Todos nós precisamos morrer com Cristo para o velho homem, para os velhos hábitos, para as velhas distorções do nosso caráter. A grande dica para esse processo é que se há alguém ou alguma coisa que o incomoda, isso significa que é essa área que precisa ser trabalhada na sua vida. Fugir não é a melhor saída. Enfrente e permita que o Espírito de Deus trate o que precisa ser tratado na sua alma. Só depois que esse trabalho é feito é que o encaixe com as demais pedras se torna possível.

Quando estamos devidamente encaixados uns nos outros é que o efeito da vida de Cristo em nós fica evidente para o mundo. Ninguém entra num local e diz: "olha que tijolo bonito". O que encanta e surpreende é o conjunto. "Veja que prédio fantástico!", dirão as pessoas. Quem olha para a igreja precisa enxergar um único bloco, uma unidade, porque todos que ali se encontram estão

tão encaixados que é impossível distinguir um tijolo de outro. Da mesma forma, esse encaixe é tão perfeito, que não é possível remover uma pedra ou tijolo sem ferir ou lesionar toda a estrutura. Alguns pastores impedem que suas ovelhas visitem outras igrejas pois temem que esses membros sejam "roubados" e se mudem para outras denominações. Mas a verdade é que é impossível remover tijolos ou pedras de paredes bem assentadas. Se a pessoa saiu com facilidade de uma comunidade é bem possível que ali não existisse uma parede, mas apenas um amontoado de pedras.

Paulo e Pedro fazem referência a pedras que vão formar essa morada de Deus. As construções de Israel eram feitas com pedras, diferente do Egito, onde as edificações eram feitas com tijolos. A diferença é que para construir com tijolos é necessário que haja algo como o cimento, que vá colar os blocos. Se alguém fizer uma pilha de tijolos, sem colocar cimento entre eles, o primeiro vento ou esbarrão vai derrubar tudo. Já as pedras usadas por Israel eram tão bem talhadas que não era necessário nenhum outro elemento para mantê-las unidas umas às outras. Havia um encaixe tão perfeito que nada era capaz de derrubar aquelas construções.

Hoje, nas igrejas, muitas vezes precisamos ficar inventando "colas" que mantenham as pessoas unidas. "Vai lá, você vai gostar, vai ter comida", é apenas um desses artifícios. Como igreja, porém, não precisamos de motivos para estarmos juntos. A única coisa de que precisamos é ser parecidos com Jesus. Precisamos nos deixar moldar pelo trabalho cuidadoso do Espírito para que haja um perfeito encaixe entre nós, de tal modo que seja impossível mover qualquer pedra. Quanto mais nos parecemos com Jesus, mais vamos querer ficar junto de todo mundo. Quando conseguimos esse encaixe perfeito, experimentamos a presença de Deus de forma sobrenatural.

A construção do templo

Transformação silenciosa

Em 1Reis 6 temos uma descrição detalhada da construção do templo durante o reinado de Salomão sobre Israel. O texto traz as medidas exatas de cada compartimento, a descrição detalhada do material usado e até dos entalhes feitos na madeira. Mas há algo nesse relato que chama atenção de modo especial e está registrado no versículo 7: "Na construção do templo só foram usados blocos lavrados nas pedreiras, e não se ouviu no templo nenhum barulho de martelo, nem de talhadeira, nem de qualquer outra ferramenta de ferro durante a sua construção".

É muito difícil imaginar o cenário de uma obra que seja silenciosa como o que esse versículo descreve. Como vimos, nas construções israelitas, não havia cimento para assentar as pedras. Elas encaixavam-se umas às outras, depois de lavradas, de modo a formar edificações sólidas e imponentes. No caso do templo, as pedras eram lavradas na pedreira e só depois levadas ao local da edificação. Há muitas áreas na nossa vida nas quais Deus trabalha em silêncio. Só nós sabemos quanto aquilo dói, quantas lágrimas essas dores nos custaram, quanto nosso orgulho resistiu até ser aplainado pelas mãos habilidosas do Supremo Artífice. Você e eu somos pedras vivas, e estamos sendo trabalhados diariamente para compor a grande morada de onde, em breve, Deus fará brilhar sua glória com todo o esplendor diante de todas as nações e reinos deste mundo. Deus seja louvado por isso!

Igreja = nós

Corpo, família, morada. Paulo usou essas três imagens para tentar nos fazer entender o que significa ser igreja. Mas, e se pudéssemos resumir essa ideia em uma só palavra, qual seria ela? Nós. O corpo é formado por vários membros, diferentes entre si, com funções bem específicas e distintas, mas que trabalham em harmonia com a vontade central do cérebro. A família é composta por pessoas que se amam intensamente, que cuidam umas das outras e que se alegram sempre que novos membros chegam. A casa é edificada sobre um fundamento sólido, feita de pedras ou tijolos, trabalhadas e organizadas com cuidado, de modo a se encaixarem com perfeição e sustentarem-se mutuamente.

A igreja somos nós. E nós somos imagem e semelhança de Deus. Vimos isso no primeiro capítulo, quando percebemos que o Deus trinitário, quando decidiu criar um ser parecido com ele, disse: "Façamos". Podemos dizer, portanto, que igreja é um grupo de pessoas que finalmente aprendeu a conjugar os verbos na primeira pessoa do plural. Se, como igreja, queremos ser como esse Deus e refletir a sua imagem, temos de aprender a falar como ele fala — e ele diz: façamos!

A IGREJA SOMOS NÓS. E NÓS SOMOS IMAGEM E SEMELHANÇA DE DEUS.

Estar em uma igreja, ou ser igreja, significa andar em comunhão uns com os outros e andar em comunhão com Deus, obedecendo à vontade dele. Num ambiente como esse, não há lugar para nenhum tipo de narcisismo ou personalismo. A que importa não é o pensar individual ou o querer individual, mas sim o pensamento e o desejo de Deus. Quando alcançamos essa compreensão somos capazes de caminhar pelo mundo andando como um só homem, seguindo a instrução de Cristo, o cabeça, e edificando o reino de Deus, levando consolo, graça, salvação e esperança a todos os seres humanos.

///// EXERCÍCIOS PROPOSTOS

1) Usando só a Bíblia, como você definiria igreja?

_____

_____

_____

_____

_____

_____

_____

_____

_____

_____

_____

_____

_____

_____

2) Por que você acha que Paulo precisou usar três figuras distintas para tentar descrever o que é a igreja?

3) Faça uma retrospectiva de sua vida desde o momento de sua conversão e tente se lembrar de quantas arestas foram aparadas em seu caráter até aqui para que você se tornasse quem é hoje. Use o espaço a seguir para registrar as mudanças já feitas e as que ainda precisam se concretizar para que você se torne cada vez mais parecido com a pedra angular que é Cristo.

CONCLUSÃO

ASSISTI A UM FILME espanhol, há algum tempo, cujo título é *Toc, toc* (dir. Vicente Villanueva, 2017) e que tinha como personagens pessoas que apresentavam TOC (transtorno obsessivo compulsivo). Um psicólogo agendou, por engano, a consulta para seis pacientes no mesmo horário. Para piorar, seu voo atrasou e ele não conseguiu chegar a tempo de atendê-los. Como as consultas estavam marcadas há muito tempo, os pacientes decidiram esperar a chegada do terapeuta. A interação na sala de espera os leva a colocar em prática uma espécie de brincadeira em que cada um tinha de sentar-se no centro de uma roda e tentar manter o transtorno sob controle durante cinco minutos, enquanto os outros cuidariam de incentivá-lo. O objetivo era que eles melhorassem a partir do exercício de ficar um tempo sem deixar que o transtorno se manifestasse em suas atitudes. Havia entre eles um que não pisava nas linhas do chão e não suportava ver nada fora do lugar; outra que lavava as mãos sempre que tocava em alguma coisa ou pessoa; outra que precisava conferir várias vezes tudo o que fazia; outro que era viciado em cálculos, além de acumulador, entre outras manifestações desse terrível transtorno. (** alerta de *spoiler* **)

Durante a brincadeira, nenhum deles conseguiu manter seu tique sob controle e todos ficaram muito frustrados. Até que alguém percebeu que, embora eles não tenham obtido sucesso quando estavam concentrados em não ceder aos impulsos que os adoeciam, ninguém parecia doente enquanto estava concentrado na pessoa que estava no centro da roda. Diante desse acontecimento, eles finalmente perceberam que o problema maior do TOC é que o transtorno os mantinha concentrados em si mesmos. No momento em que eles conseguiram parar de pensar em si mesmos para ajudar o outro, o TOC simplesmente desapareceu.

A ansiedade e a depressão são doenças típicas do nosso tempo, e eu acredito que um dos motivos que levam as pessoas a viverem tão ansiosas e depressivas é que elas pensam excessivamente em si mesmas. Isso contraria a natureza do DNA de Deus colocado no ser humano desde a criação. Nós não fomos feitos para viver de forma egoísta e autocentrada, pensando apenas em nós mesmos o tempo todo. Fomos feitos para a vida em grupo, para a vida em comunidade, para vivermos em comunhão uns com os outros e com o nosso Criador. Nós somos feitos para falar e para ser nós.

Tenho plena convicção de que, quando o jovem decide experimentar uma droga, o que ele busca num primeiro momento não é a viagem alucinógena. O que ele procura em primeiro lugar é a aceitação de um grupo.

Ele quer uma família. O torcedor fanático, que parece disposto a morrer pelo seu time, na verdade, não morreria por um punhado de homens que correm atrás de uma bola, mas no fundo seria capaz de dar a vida para desfrutar do sentimento de pertencer à família, que usa aquelas mesmas cores e grita aquelas mesmas palavras de ordem. O homem que gasta uma fortuna para comprar uma moto Harley-Davidson quer algo que vai muito além de viajar e esbanjar dinheiro. O que ele deseja mesmo é pertencer a uma família, ter um grupo para chamar de seu.

Muitas vezes acreditamos que as pessoas visitarão nossas comunidades, ouvirão uma mensagem e vão aceitar a Jesus, ouvirão uma Palavra e saberão quem Deus é. Mas as pessoas estão olhando para nós. A maior pregação, muitas vezes, não é a que é feita no púlpito, mas é aquela que as pessoas enxergam quando vêem o corpo de Cristo reunido. Os visitantes das nossas igrejas são tocados pelo abraço que recebem na entrada ou no final do culto, pelo sorriso e solicitude que recebem quando precisam de um copo de água ou saber onde é o banheiro. As pessoas querem uma família. Elas querem *nós*.

Só seremos igreja de verdade quando deixarmos de comparecer aos cultos de domingo pensando em obter vantagens ou bênçãos individuais. Nosso pensamento precisa deixar de ser "Qual é o melhor lugar para *eu* me sentar?" ou "Espero que Deus *me* dê a bênção de que *eu* preciso". Deveríamos chegar nas nossas reuniões pensando:

"O que é melhor para *nós*? O que o Senhor tem para *nós* hoje?". Fomos chamados para nos alegrar com os que se alegram e chorar com os que choram. A felicidade de um é a felicidade de todos, assim como a tristeza de um é a tristeza de todos.

Todas as palavras que escrevi neste livro exerceram um impacto real e profundo na minha vida, no meu casamento, na nossa comunidade. Meu desejo é que esses conceitos exerçam o mesmo efeito em cada pessoa que esteve com esse livro em mãos e que dedicou um tempo para entendê-los e colocá-los em prática. Eu sou nós, como diz o título, porque sou um com cada irmão e irmã com que Deus me permitiu conviver. Seria um sonho poder me encontrar com cada leitor e, num toque da palma de nossas mãos, dizer num sorriso: "*É nós!*". Sim, porque igreja é isso, igreja é *nós*!

Este livro foi impresso pela Umlivro, em 2024, para a Thomas Nelson Brasil.
O papel do miolo é pólen bold 90 g/m², e o da capa, cartão 250 g/m².